本书得到云南财经大学博士学术基金全额资助出版

Research on the Poverty Reduction Effect of Inclusive Financial Development
Theoretical Innovation and Practice in Yunnan Province

普惠金融发展的减贫效应研究
理论创新与云南实践

马彧菲 著

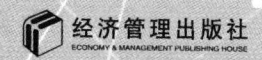

经济管理出版社
ECONOMY & MANAGEMENT PUBLISHING HOUSE

图书在版编目（CIP）数据

普惠金融发展的减贫效应研究：理论创新与云南实践 / 马彧菲著 . —北京：经济管理出版社，2019.4
ISBN 978-7-5096-6735-4

Ⅰ.①普… Ⅱ.①马… Ⅲ.①金融—扶贫—研究—中国 Ⅳ.①F832.3

中国版本图书馆 CIP 数据核字（2019）第 143323 号

组稿编辑：张　昕
责任编辑：张　昕　杜奕彤
责任印制：黄章平
责任校对：陈晓霞

出版发行：经济管理出版社
　　　　　（北京市海淀区北蜂窝 8 号中雅大厦 A 座 11 层　100038）
网　　址：www.E-mp.com.cn
电　　话：（010）51915602
印　　刷：三河市延风印装有限公司
经　　销：新华书店
开　　本：720mm×1000mm/16
印　　张：12.5
字　　数：218 千字
版　　次：2019 年 11 月第 1 版　2019 年 11 月第 1 次印刷
书　　号：ISBN 978-7-5096-6735-4
定　　价：98.00 元

·版权所有　翻印必究·

凡购本社图书，如有印装错误，由本社读者服务部负责调换。
联系地址：北京阜外月坛北小街 2 号
电话：（010）68022974　邮编：100836

PREFACE 序言

马或菲博士的新著《普惠金融发展的减贫效应研究：理论创新与云南实践》即将付梓，邀我作序，我欣然应允，原因有三：

首先，为其不忘初心所感。马或菲博士为云南蒙自人，学士、硕士、博士均在厦门大学金融系就读。在其求学期间，我因授课、指导论文之故，与她多有接触交流，给我印象最深的是，她始终对彩云之南念兹在兹。走出红土高原求学的她，一直有一种使命感：如何回报那片养育她的土地。正是这种初心，驱使她在与我探讨研究方向和毕业论文选题的时候，趋向于选择普惠金融这个领域。也是这种初心，让她毕业后继续关注这个领域，在云南财经大学从教之余，思考、研究普惠金融问题。可以说，这本新著是马或菲博士不忘初心的证明。

其次，为其知行合一所感。马或菲博士不是端坐书斋的空想家，她深知，从实践中来，到实践中去，才是认识客观世界的科学方式。厦门大学的求学经历，为她开展普惠金融研究打下了深厚的学术功底。毕业后，她更多的是付诸实践，开展对云南省普惠金融的现实考察。为此，她深入基层，走村串户，访谈座谈，掌握一手资料。澜沧江边、哀牢山上，哈尼梯田、景颇人家，都留下她的足迹。没有调查，就没有发言权。可以说，这本新著是理论和实践相结合的产物，也是马或菲博士知行合一的体现。

最后，为其勤笃精进所感。马或菲博士学业成绩优秀，科研能力突出，但这绝非仅仅依靠天赋所能达到，努力、自律、勇气等后天形成的素质更起到决定作用。其不忘学习、研究之初心，目标明确，故能紧紧盯住普惠金融这一主题不放松，注意追踪前沿研究成果，注意深入一线调研，不断拓宽研究视野，不断改进研究方法，不断提升研究高度，不断增加研究深度，取得了可喜的成绩，既有高水平的论文发表，又有高质量的报告呈现。可以说，这本新著就是马或菲博士勤笃精进的结晶。

我专注于普惠金融的研究已有多年，阅读过大量的相关文献，但马或菲博士的这本新著，仍带给我很多惊喜。在我看来，这本书有以下几个特点：

一是主题具有时代价值。该书结合"十三五"期间脱贫攻坚和发展普惠金融的重要目标，通过理论分析，研究普惠金融的发展及其减贫效应，并以云南边疆民族地区为例进行调研，探索普惠金融减缓贫困在实践中的难点和对策。该书契合了全面建成小康社会的时代背景，展示了马彧菲博士敏锐的现实观察力和思考力。

二是体例逻辑简洁清晰。全书分理论篇和实践篇两部分。理论篇从国际视野、我国的发展历程、我国各省份区域特征三个层次，分别考察普惠金融的发展情况；从直接作用机制以及通过包容性增长的间接作用机制，展开普惠金融的减贫效应研究。实践篇以云南边疆民族地区为例，从需求方和供给方展开调研，基于对现实状况的掌握，提出云南边疆民族地区发展普惠金融以减缓贫困的难点所在，并提出相应的对策建议。该书脉络清晰、逻辑严密，体现了马彧菲博士学养深厚、学理通达。

三是研究方法多样且有效。该书综合运用了文献研究法、模型分析法、实证分析法、比较研究法、问卷调查法、案例分析法等多种研究方法，有效地说明、论证了所要研究的问题，使研究有理有据，说服力强。

四是政策建议指导性强。云南边疆民族地区社会经济发展缓慢，金融资源匮乏，该书对于边疆民族地区如何进一步发展普惠金融以起到贫困减缓的作用，具有很强的现实意义。

金融是现代经济的核心，如果传统金融的边界能够扩大，覆盖更多的个体或团体，一定能够增进社会福利。近年来，各国普惠金融理念和实践的发展，为我们提供了宝贵的经验。中国经济要实现成功转型，离不开中国金融的优化升级。发展普惠金融，让普惠金融成为提高金融资源配置效率和公平性的重要抓手，让更多人享有金融服务已然成为中国当前的重要任务。马彧菲博士的这本新著，是她对近年来普惠金融发展的思考的阶段性小结。之所以用"小结"而不用"总结"，是因为我希望马彧菲博士能够在普惠金融领域继续探索，将所思所想贡献给这片生她养她的红土地！我想，凭着马彧菲博士的不忘初心、知行合一、勤笃精进，一定会推出更多、更好的成果！

是为序。

2019 年 6 月 1 日

CONTENTS 目 录

上篇 理论篇

第一章 绪 论 / 002

第一节 研究背景与意义 / 002
第二节 文献综述 / 003
　　一、普惠金融的概念与发展 / 003
　　二、普惠金融评价体系及其影响因素 / 007
　　三、普惠金融与贫困减缓 / 015
第三节 研究内容与方法 / 017
　　一、研究内容 / 017
　　二、研究方法 / 019
第四节 创新与不足之处 / 020

第二章 普惠金融的理论基础与可持续性分析 / 022

第一节 普惠金融的理论基础 / 022
　　一、溯源"普惠"一词 / 022
　　二、普惠金融的相关界定 / 023
　　三、发展经济学 / 025
　　四、社会公平正义 / 026
第二节 普惠金融的可持续性分析 / 027

一、可持续问题之争 / 028
　　二、小额信贷激励安排 / 029
　　三、小额信贷可持续发展的影响因素分析——基于无限次重复博弈 / 031

第三章　国际及国内视野下的我国普惠金融发展状况 / 036

第一节　国际视野下的我国普惠金融发展情况 / 036
　　一、实证研究一：基于全局主成分分析 / 037
　　二、实证研究二：基于主成分分析 / 042
　　三、研究结论 / 047
第二节　我国普惠金融发展的年度指数 / 047
　　一、普惠金融指数的构建 / 047
　　二、实证结果分析 / 049
　　三、研究结论 / 053

第四章　我国各省份普惠金融的发展及其影响因素研究 / 054

第一节　我国各省份普惠金融发展的测度 / 054
　　一、普惠金融指数的构建 / 054
　　二、实证结果分析 / 055
　　三、研究结论 / 063
第二节　普惠金融发展的影响因素分析 / 064
　　一、普惠金融发展的影响因素 / 064
　　二、实证结果分析 / 066
　　三、研究结论 / 068

第五章　普惠金融对贫困减缓的影响分析 / 069

第一节　普惠金融对贫困减缓的作用 / 069
　　一、普惠金融的直接作用 / 069
　　二、包容性增长的间接作用 / 071
第二节　普惠金融指数与包容性增长指数的测算 / 073
　　一、我国各省份普惠金融指数的测算 / 073

二、我国各省份包容性增长指数的测算 / 083

第三节 普惠金融、包容性增长与贫困减缓的作用分析 / 089

一、模型构建 / 089

二、模型估计方法 / 090

三、模型估计结果 / 091

第四节 普惠金融影响贫困减缓的作用机制分析 / 094

第六章 理论研究结论、建议与展望 / 097

一、研究结论 / 097

二、政策建议 / 098

三、未来展望 / 100

下篇 实践篇

第七章 云南边疆民族地区贫困及金融接触状况
——基于需求方的调研 / 104

第一节 关于云南边疆民族地区的界定 / 104

第二节 云南边疆民族地区的总体状况 / 107

一、面积、人口、生产总值和存贷款余额 / 107

二、产业结构和城乡居民收入 / 108

三、交通和通信 / 109

四、教育情况 / 110

五、小结 / 112

第三节 云南边疆民族地区贫困状况 / 112

一、基本信息 / 113

二、致贫原因 / 114

三、脱贫意愿 / 114

四、小结 / 114

第四节 云南边疆民族地区金融接触状况 / 115

一、金融基础设施 / 115

二、贷款 / 116

三、保险 / 118

四、小结 / 120

第五节 云南省"直过民族"聚居区调研情况 / 121

一、"直过民族"总体状况 / 121

二、普洱市澜沧拉祜族自治县调研情况 / 123

三、小结 / 126

第六节 云南省边疆民族地区贫困人群行为特征归纳 / 127

一、经济行为特征 / 127

二、生活行为特征 / 128

三、心理行为特征 / 128

第八章 云南省普惠金融发展状况
——基于供给方的研究 / 130

第一节 云南省边疆与非边疆地区普惠金融发展程度的比较分析 / 130

一、云南省各州、市普惠金融发展状况 / 130

二、云南省数字普惠金融发展状况 / 133

第二节 云南省普惠金融减缓贫困的总体成效 / 137

第三节 云南边疆民族地区普惠金融产品及其减贫成效 / 139

一、信贷产品 / 139

二、保险产品 / 142

三、"信贷+保险"产品 / 145

第四节 云南省普惠金融组织典型案例分析 / 146

一、富滇银行"格莱珉"扶贫模式 / 147

二、农村资金互助组织 / 151

三、云南省农村信用社 / 154

第九章 云南边疆民族地区发展普惠金融减缓贫困的难点 / 157

第一节 交通基础设施较为薄弱 / 157

第二节　普惠金融可得性待提高 / 158

第三节　普惠金融使用情况欠佳 / 161

第四节　数字普惠金融覆盖不足 / 162

第五节　弱势群体金融素养较低 / 164

第十章　云南边疆民族地区发展普惠金融减缓贫困的对策建议 / 166

第一节　推进交通基础设施建设 / 166

第二节　提高普惠金融的可得性 / 167

第三节　改善普惠金融使用情况 / 169

第四节　扩大数字普惠金融覆盖 / 170

第五节　提升弱势群体金融素养 / 172

附　录 / 175

参考文献 / 179

后　记 / 187

理论篇 —— 上 篇 ——

第一章
绪 论

第一节　研究背景与意义

"普惠金融"（Inclusive Financial System）这一概念源于2005年联合国的国际小额信贷年，也可称为"包容性金融体系"。其基本含义是：一个能有效地、全方位地为社会所有阶层和群体，尤其是贫困和低收入人口，提供服务的金融体系。2006年，时任中国人民银行研究局副局长焦瑾璞在亚洲小额信贷论坛上正式使用了"普惠金融"这一概念。2012年，时任国家主席胡锦涛在二十国集团峰会上指出："普惠金融问题本质上是发展问题，希望各国加强沟通和合作，共同建立一个惠及所有国家和民众的金融体系，确保各国特别是发展中国家民众享有现代、安全、便捷的金融服务。"这是普惠金融概念第一次由中国国家领导人在公开场合正式使用。2013年，在中国共产党第十八届中央委员会第三次全体会议发布的《中共中央关于全面深化改革若干重大问题的决定》中，"普惠金融"被与健全多层次资本市场、完善保险经济补偿机制、鼓励金融创新等内容相提并论，共同构成下一步中国金融业改革的重要内容。作为全面深化改革的内容之一，这是"普惠金融"概念第一次被正式写入中国共产党的决议中，标志着普惠金融上升为国家战略，成为我国金融改革目标和任务的重要组成部分。2015年12月，国务院印发《推进普惠金融发展规划（2016-2020年）》。大力发展普惠金融，是金融业支持现代经济体系建设、增强服务实体经济能力的重要体现，是缓解人民日益增长的金融服务需求和金融供给不平衡、不充分之间矛盾的重要途径，是我国全面建成小康社会的必然要求。

自改革开放以来，我国经历了高速的经济增长，这对贫困减缓起到了很大的作用。自1978年以来，我国绝对贫困人口减少2.3亿，占发展中国家减贫人数的75%，可以看出这些年我国减贫工作所取得的巨大成就。经济增长带动了我国人均收入的提高,使大量贫困人口摆脱了收入低下的贫困状态。然而,经济高速增长的同时带来了收入差距的扩大,包括城乡收入差距、地区收入差距及行业间收入差距等。如果不能较好地解决收入差距扩大的问题,将对社会和经济产生严重的负面影响。穷人和富人之间收入和消费的差距拉大,会触发社会和政治紧张关系,在极端情况下甚至还有可能导致社会冲突,威胁社会和政治稳定。2014年10月17日,国家主席习近平在首个"扶贫日"之际作出重要批示,强调全党全社会要继续共同努力,形成扶贫开发工作强大合力;同时指出,消除贫困,改善民生,逐步实现全体人民共同富裕,是社会主义的本质要求。2015年底,中共中央、国务院就打赢脱贫攻坚战作出决定,确保到2020年农村贫困人口实现脱贫。中共十九大指出:"坚决打赢脱贫攻坚战。要动员全党全国全社会力量,坚持精准扶贫、精准脱贫。重点攻克深度贫困地区脱贫任务。"云南省集边疆、民族、山区、革命老区为一体,边疆民族地区社会经济发展缓慢,灾害频发,贫困问题尤为突出。云南省打赢脱贫攻坚战,事关全面脱贫、全面小康大局,事关我国边疆稳固,事关我国民族团结进步示范区的建设。

在上述背景下,本书结合"十三五"期间脱贫攻坚和发展普惠金融的重要目标,通过理论分析,研究普惠金融的发展及其减贫效应,并以云南边疆民族地区为例进行调研,探索普惠金融减缓贫困在实践中的难点,提出对策。从理论上来说,本书的研究意义在于从多个层面构造普惠金融指数,较为全面地反映我国普惠金融的发展状况,探寻其影响因素,并结合包容性增长,检验普惠金融对贫困减缓的作用机制,最终提出发展普惠金融、减缓贫困的政策建议。从实践上来说,本书从需求方和供给方的角度,对云南边疆民族地区普惠金融减缓贫困的情况进行调研,并展开研究实践中的难点,提出相应的对策建议,对于边疆民族地区进一步发展普惠金融以起到贫困减缓的作用,具有较强的现实意义。

第二节 文献综述

一、普惠金融的概念与发展

"普惠金融"这一概念源于英文"Inclusive Financial System"的中文翻

译,该英文概念也可被翻译为"包容性金融体系"。"Inclusive Financial System"是由联合国宣传小额信贷年时率先提出的,之后被联合国和世界银行大力推行。其基本含义是:一个能有效地、全方位地为社会所有阶层和群体,尤其是贫困和低收入人口,提供服务的金融体系。

(一)小额信贷和微型金融

普惠金融的前身和最初实践,与一些国家在近几十年中所发展的"小额信贷"与"微型金融"有密切的关系。

小额信贷(Microcredit)是指为低收入人群提供的、额度较小的,以反贫困、促发展为基本宗旨的信贷服务。小额信贷源于20世纪70年代的孟加拉国,穆罕默德·尤努斯(Muhammad Yunus)创办的格莱珉银行。格莱珉银行对贫困农户发放小额贷款模式的成功,使全球各个国家(特别是亚洲、非洲和拉丁美洲欠发达国家)纷纷效仿,同时各国也根据自己的具体情况,在格莱珉银行的基础上创造出了不同的信贷模式。

微型金融(Microfinance)是以低收入群体为目标客户,向他们提供贷款、储蓄、保险、转账服务和其他金融产品的金融业务。早期争议较大的是微型金融机构的可持续问题。由于微型金融机构有来自政府的补贴和捐赠者的捐助,福利主义(Welfarist)认为微型金融机构不需要自给自足就能可持续发展(Morduch,2000),因此微型金融机构理应给穷人较低的贷款利率来改善他们的生活和生产。制度主义(Institutionist)认为,微型金融机构为穷人提供服务的前提是微型金融机构自身必须可持续,在财务上自负盈亏。相较而言,制度主义更能代表当今的主流观点,世界银行扶贫协商协会(CGAP,2006)提出的小微金融发展的重要原则,其中就包括"如果要覆盖更多的贫困人口,微型金融必须自负盈亏;如果微型金融机构不为其提供的服务收取足够的费用覆盖其成本,那么它最终会受到政府和捐赠者资金来源稀少和不稳定的影响"。

(二)普惠金融

2005年,联合国发起"国际小额信贷年"(the International Year of Microcredit),其主题是"建立普惠金融体系以实现千年发展目标",正式提出了普惠金融的概念。国际小额信贷年的行动纲领强调,应该帮助在农村和城市地区生活的贫穷者,尤其是妇女应比较容易获得小额信贷和小额融资,从而使她们能够独立地开办微型企业,经营自己的职业,增加收入,提高积聚资产的能力,增强力量,战胜困难时期的脆弱性;同时应该认识到,为使贫穷者能够获得资金,信贷、储蓄等小额融资工具以及相关的商业服务非常重要,必须增加小额信贷和小额融资服务。

2006 年，联合国出版了《建设普惠金融体系》（*Building Inclusive Financial Sectors for Development*）一书，书中描绘了普惠金融体系的前景，即每个国家应当建立起一个可以持续地为人们提供合适的产品和服务的金融体系，它具有以下四个特征：一是个人、家庭和企业能够以合理的价格获得各种金融产品和服务，包括储蓄、信贷、保险、养老金、租借、兑付、汇兑等；二是健全的金融机构和审慎监管；三是金融机构具有可持续性，可以长期提供金融服务；四是要形成竞争市场，为客户提供更多选择和更高效的金融服务。

2013 年，时任中国人民银行行长周小川提出要"构建更具竞争性和包容性的金融服务业"，其中包括中国发展普惠金融的设想：坚持民生金融优先，满足人民群众日益增长的金融需求，让金融改革与发展成果更多更好地惠及所有地区特别是贫困地区，惠及所有人群，实现金融业可持续发展；适度放宽金融市场准入，支持小型金融机构的发展；以政策引导金融机构支持经济社会发展的薄弱环节；积极发展多种融资方式，规范民间借贷的发展，拓宽小微企业融资渠道；鼓励金融创新，不断扩大金融服务的渗透率和覆盖面；加强金融基础设施建设，提升金融服务现代化水平；推进信用体系建设，优化金融服务生态环境，加强金融知识普及和消费者保护教育。

2015 年，国务院印发《推进普惠金融发展规划（2016-2020 年）》（国发〔2015〕74 号），提出普惠金融是指立足机会平等要求和商业可持续原则，以可负担的成本为有金融服务需求的社会各阶层和群体提供适当、有效的金融服务；到 2020 年，建立与全面建成小康社会相适应的普惠金融服务和保障体系，有效提高金融服务可得性，明显增强人民群众对金融服务的获得感，显著提升金融服务满意度，满足人民群众日益增长的金融服务需求，特别是要让小微企业、农民、城镇低收入人群、贫困人群和残疾人、老年人等及时获取价格合理、便捷安全的金融服务，使我国普惠金融发展水平居于国际中上游水平。

2018 年，中国银行保险监督管理委员会发布了《中国普惠金融发展情况报告》（摘编版），总结了我国普惠金融发展的意义、主要措施、主要成效和基本经验，从发展多层次普惠金融供给、构建市场化经营模式、创新普惠金融产品服务、发展数字普惠金融、推进基础设施建设、加强金融知识普及和开展普惠金融试点等八个方面具体介绍了普惠金融发展举措，客观分析了当前普惠金融发展面临的挑战，并提出了未来建设普惠金融体系的思路。

从诞生背景来看，普惠金融是小额信贷及微型金融的延伸和发展。与小额信贷相比，普惠金融不仅包含了贷款，还包含了储蓄、保险和支付结算等金融服务；与微型金融相比，普惠金融不仅包含小额信贷公司、农村信用合作社和乡村银行等微型金融机构，还包括大型商业银行等传统意义上正规的金融部门。普惠金融的宗旨是将微型金融融入主流的金融体系，更好地发挥微型金融的潜力。具体来说，普惠金融注重运用各种先进的技术和措施，推进各类金融创新，以可负担的成本将金融服务扩展到欠发达地区和社会低收入人群，从而不断提高金融服务的可获得性，将那些被传统金融体系排斥在外的人群逐渐包括进来，帮助他们提高生活水平，提高生产效率，从而提高实体经济运行的质量与效益。

随着研究的不断深入，部分学者探索了普惠金融的本质和特征。白钦先、张坤（2017）认为，普惠金融有三大本质性特征：秉持金融的哲学人文发展理念、彰显金融为促进人类经济与社会发展而生、坚持金融为最广泛的社会大众竭诚服务。王颖、曾康霖（2016）提出，普惠由伦理理想演化为政策取向：在要素配置、收入分配和再分配领域的均等性和反哺性。星焱（2016）归纳出普惠金融经济行为的五个核心要素：可得性、价格合理性、便利性、安全性、全面性，指出当金融服务针对普惠金融特有的服务群体，并且金融产品至少符合五个要素其中一个时，可以将其划入普惠金融的经济行为范畴。

实践层面，一些学者阐述了我国发展普惠金融体系的意义，提出了更好地发展普惠金融的建议。李明贤、叶慧敏（2012）认为，普惠金融能够给我国农村金融改革提供新思路。杜晓山（2009）、曹凤岐（2010）认为，普惠金融能够缓解我国金融排斥，普惠金融体系的建立能帮助构建和谐社会。王婧、胡国晖（2013）依据2002~2011年中国银行业数据构建普惠金融指数，得出中国普惠金融发展虽波折但总体情况良好，并建议加强交通基础设施的建设、实行稳健货币政策、大力发展弱势产业等。陈颐（2017）指出，我国要实现普惠金融的普及性及其精准扶贫目标，首先要逐步完善征信体系，其次以儒家文化推动实现普惠金融的普及性和安全性。

(三) 数字普惠金融

2016年9月，二十国集团（G20）领导人第十一次峰会将数字普惠金融列为重要议题，并通过了《G20数字普惠金融高级原则》，原则提出，数字普惠金融是运用数字技术为无法获得金融服务或缺乏金融服务的群体，提供一系列负责任的、成本可负担的金融服务，对于提供金融服务的供应商而言是可持续的。《G20数字普惠金融高级原则》进一步给出了"数字普惠金融"的具体内容：涵盖各类金融产品和服务（如支付、转账、储蓄、信贷、保险、证券、财务规划和银行对账单服务等），通过数字化或电子化技术进行交易，如电子货币（通过线上或者移动电话发起）、支付卡和常规银行账户。

数字普惠金融是指以数字技术驱动的普惠金融实现形式。数字技术可以大幅度降低金融服务的门槛和成本，提高金融服务的效率，改善金融服务的体验，实现普惠金融服务的商业可持续性。简言之，数字技术为普惠金融插上了翅膀，开启了数字技术与金融服务相结合的普惠金融新时代，有助于金融为更广泛的人群服务，帮助金融服务更好地普惠被传统服务业排斥的人群。

2018年9月，中国银行保险监督管理委员会发布的《中国普惠金融发展情况报告》（摘编版）指出："数字普惠金融引领，是普惠金融可持续发展的重要出路。大力发展数字普惠金融，运用互联网、大数据、云计算等金融科技手段，延伸服务半径，扩大服务覆盖，降低服务门槛和服务成本，提升服务质量和服务效率。发挥数字普惠金融引领作用，着力构建运行高效、互助共享、线上线下同步发展的普惠金融产品服务体系，实现目标客户的精准识别、精细管理、精确服务，运用技术创新缓解普惠金融领域突出存在的信用、信息和动力问题，有力应对普惠金融可持续发展面临的挑战。"

二、普惠金融评价体系及其影响因素

（一）普惠金融评价体系的构建

1. 理论探索

普惠金融指数（也称金融包容性指数）的构建需要考虑三个因素：一是指标选择的相关性，即与普惠金融发展关联，能够对普惠金融发展状况进行评价；二是数据的可获得性，便于获取相关数据进行计算；三是指标的可比性，能够在不同国家之间进行比较和分析。近年来，国内外已有一些学者对普惠金融指数的构建进行了探索。

Honohan（2007）构建了和金融中介有联系的家庭的分数评价指标，然后与用基尼系数来表示的贫困和不平等作比较。为了计算分数，Honohan使用了超过160个国家的如下数据：微型金融账户和银行账户与人口的比例、被调查的家庭使用金融服务的情况、平均存款规模以及GDP与资本的比例。

Sarma（2008）借鉴联合国开发计划署发布的人类发展指数（HDI）的构建方法，从三个维度来衡量金融包容性指数，即用每千人拥有的银行账户数量间接代表渗透率，用银行分支机构和ATM的数量来衡量距离上的可获得性，以及用户的使用范围和频率。Sarma依据计算出来的金融包容性指数的值，将高于0.6的国家归类为高的金融包容性，0.4~0.6的国家为中等金融包容性，低于0.4的国家为低的金融包容性。Sarma使用2004年的数据，同时可获得三个维度的数据的国家有 45 个，只有两个维度的数据可获得的国家有 81 个，她依据金融包容性指数值对它们进行了排名，以揭示国家之间的相对排名情况。在计算方法上，Sarma 和 Pais（2011）在赋予每个维度中每个变量相同权重的情况下，计算出维度的得分，再依据式（1-1）计算出金融包容性指数。式（1-1）等式右端的三个变量为三个维度的得分。IFI 指数为 0~1，0 代表完全的金融排斥，1 代表完全的金融包容。

$$IFI = 1 - \sqrt{\frac{(1-\rho_i)^2+(1-\alpha_i)^2+(1-\mu_i)^2}{3}} \quad (1-1)$$

继 Sarma（2008）之后，一些学者针对特定地区计算出了金融包容性指数（Kumar & Mishra，2009），也有学者检验了金融包容性和发展的关系，研究社会经济因素（如收入、不平等、读写能力、城市化、通信的基础设施）是否和金融包容性显著相关（Sarma & Pais，2011）。Mehrotra 等（2009）使用类似的总量指标（如农村办事处的数量、农村存款账户的数量、农村存款和贷款的数量），对印度 16 个州构建了金融包容性的指标体系。

Arora（2010）计算了 2008 年 98 个国家的金融包容性指数，使用 IMF 的分类标准，把各个国家分为两个组：发达经济体和发展中（新兴）经济体。指数体系包含三个维度：服务范围、交易便利性和交易费用。服务范围方面，她使用地理上和人口上的分支机构和 ATM 数量表示；交易便利性方面，使用开户及提交贷款申请的机构的数量、开设储蓄账户和支票账户所需的最低金额和文件数量、维持储蓄账户和支票账户所需的最低金额、消费贷款和抵押贷款的最低金额及申请审批时长表示；交易费用方面，包括消费贷款和抵押贷款的费用、存款账户和支票账户的年费、使用 ATM 卡的费用。在计算方法上，Arora 使用式（1-2）把变量的数值转化为 0 到 1，然后对 d_i 取平均值计算出每个维度的得分，然后以 2：1：1 的比例分配权重给三个维度，最终计算出指数得分。

$$d_i = \frac{\text{actual value of } X_i - \text{minimum value of } X_i}{\text{maximum value of } X_i - \text{minimum value of } X_i} \quad (1-2)$$

Gupte 等（2012）认为，Sarma（2008）忽略了使用金融服务的便利性和成本，而 Arora（2010）忽略了金融服务的使用状况，因此 Gupte 等在综合上述两类指标体系的基础上，使用世界银行扶贫协商小组发布的 2008 年和 2009 年数据，构建印度普惠金融指数体系。该体系分为服务范围、使用情况、交易便利性和交易成本四个维度。其中，服务范围包括五个正向指标：地理上分支机构渗透度、地理上 ATM 渗透度、人口上分支机构渗透度、人口上 ATM 渗透度、每千人拥有的储蓄和贷款账户；使用情况是用存款和贷款的总和占

GDP 的比例来代表，亦为正向指标；交易便利性包括正向指标（开设存款和贷款账户的网点数量）以及一系列负向指标：开设储蓄账户和支票账户所需的最低金额和文件数量、维持储蓄账户和支票账户所需的最低金额、消费贷款和抵押贷款的最低金额及申请审批时长；交易成本为一系列负向指标：消费贷款和抵押贷款的费用、存款账户和支票账户的年费、国际汇款的费用以及使用 ATM 卡的费用。在计算出各个维度的得分之后，Gupte 取几何平均值作为普惠金融指数，最后的计算结果 2009 年较 2008 年有一定的提升。

Chakravarty 和 Pal（2013）同样是在 Sarma（2008）构建的指数的基础上进行了改进，他们选取的指标为银行分支机构在地理上的渗透度、银行分支机构在人口上的渗透度、每千人拥有的存款账户数、每千人拥有的贷款账户数、存款与收入的比例、贷款与收入的比例这六个指标。他们使用印度 17 个主要的州 1972~2009 年的数据，并把时间分为三个子时期，来计算普惠金融指数。他们使用了一种新的计算模式，如式（1-3）所示，M_i 和 m_i 为 x_i 的最大值和最小值，其中引入了包容性敏感参数 r，r 是介于 0 到 1 的常数，当 r=1 时等同于 Sarma（2008），即联合国开发计划署的方法。

$$A_r(x_i, m_i, M_i) = \left(\frac{x_i - m_i}{M_i - m_i}\right)^r \quad (1-3)$$

普惠金融指数的计算公式为：

$$I_r(A_r(x_1, m_1, M_1), \cdots, A_r(x_k, m_k, M_k)) = \frac{1}{k}\sum_{i=1}^{k}\left(\frac{x_i - m_i}{M_i - m_i}\right)^r \quad (1-4)$$

由此，还可以计算出六个指标的贡献程度。

在国内的研究中，王婧、胡国晖（2013）使用 2002~2011 年中国银行业的年度数据，运用变异系数法计算权重，构建出我国的普惠金融指数。其使用指标"每万平方公里的银行业金融机构数和从业人员数、每万人拥有的银行业金融机构数和从业人员数"（共四个）来代表地理维度和人口维度上的金融服务范围，使用指标"金融机构人均各项存款及各项贷款占人均 GDP 的比重"（共两个）来代表金融服务的使用状况。其计算出来的 2002~2011 年中国的普惠金融指数整体呈上升趋势，但也存在调整与波动，在 2005 年和 2007~2008 年存在指数下滑的情况。

李滨（2014）基于因子分析法，对我国 31 个省、市、自治区 2012 年的横截面数据进行测度，选取了共计 12 个指标，分别为保险深度、保险密度、每万人拥有的金融网点数、每万人拥有的金融从业人员、每万平方公里的金融网点数和金融从业人员、每万人和每万平方公里的 ATM 个数、银行贷款余额、小额贷款公司贷款余额、银行资产总额以及每万人的金融业增加值。

焦瑾璞等（2015）从金融服务的"可获得性""使用情况""服务质量"三个维度，建立包含19个指标的普惠金融指标体系，计算2013年中国各省的普惠金融发展指数。

于晓虹等（2016）建立了基于决策者偏好即主观赋权重与客观赋权重有机结合的省际普惠金融发展水平综合评价MPPC模型，构建了一个由四个方面、37个指标构成的指标体系，对省际普惠金融发展水平进行综合评价。

陆凤芝等（2017）从金融服务的渗透性、使用性、效用性、承受性四个维度构建普惠金融发展评价模型，基于熵值法测算2005~2014年中国省域普惠金融的发展水平。

随着研究的深入，部分学者开始研究建立县域的普惠金融发展评价体系。杨军等（2016）通过22个量化指标测算出2011~2014年江苏省52个县（市）在金融可获得性、金融服务使用情况和金融发展质量三个维度的因子得分，进而构建县域普惠金融发展评价体系，评估江苏县域普惠金融发展整体趋势及地域间的差异。张兵、张洋（2017）以江苏省44个县域为样本，测度2009~2014年江苏省各县域普惠金融的发展水平。黄倩、李政（2019）基于云南省120个县域数据，构建2008~2016年云南省县域普惠金融指数。

尽管上述这些定量研究选取的具体指标有所差异，但是评价体系发展的趋势都是尽可能细化，覆盖更广阔的区域和更广泛的人群，来衡量金融的普惠程度。不足的是，上述研究选取的指标以商业银行的各项指标为主，这样选取的指标虽能够反映"商业银行发展程度"或者是"金融发展程度"，但是和"普惠金融"的定义还存在差距，应该考虑纳入其他方面的指标。

2. 实践发展

除了国内外学者在理论上进行的探讨，二十国集团（G20）框架下普惠金融全球合作伙伴（GPFI）、世界银行、国际货币基金组织等国际金融组织也在实践中积极探索建立普惠金融指标体系。2012年，《G20普惠金融指标体系》在G20洛斯卡沃斯峰会上获得通过。2013年，GPFI通过增加金融素养和金融服务质量等指标对《G20普惠金融指标体系》进行了扩展，并在G20圣彼得堡峰会上获得通过。2016年，中国在担任G20主席国期间，通过增加数字普惠金融等新业态指标对其又进行了一次升级，并得到G20杭州峰会核准。《G20普惠金融指标体系》共涵盖金融服务的可得性、使用情况和质量三个维度，包含19类35项指标（见表1-1），从供需两侧评估普惠金融发展水平。

表 1-1 《G20 普惠金融指标体系》维度和类别

序号	使用情况维度	可得性维度	质量维度
1	拥有账户的成年人	服务网点	金融知识
2	在正规金融机构发生信贷业务的成年人	借记卡持有	金融行为
3	购买保险的成年人	企业服务网点	信息披露要求
4	非现金交易	服务网点的互通性	纠纷解决机制
5	使用数字支付的成年人		信贷障碍
6	高频率使用账户		
7	储蓄倾向		
8	享有正规银行服务的企业		
9	在正规金融机构有未偿贷款或授信额度的企业		
10	企业进行数字支付或接收数字支付		

除《G20 普惠金融指标体系》外，世界银行、国际货币基金组织所建立的普惠金融指标体系，也具有广泛的影响。世界银行建立了涵盖账户、储蓄、信贷、支付、保险等指标的全球普惠金融数据库（Global Findex），通过三年一次的全球普惠金融调查，从需求端取得数据。在 2014 年的调查中，世界银行设计了 474 个普惠金融指标，对 144 个经济体中的 15 万名成年人进行了面对面访谈或电话访谈，形成了最新的世界银行全球普惠金融数据库。国际货币基金组织开展了金融服务可得性调查（Financial Access Survey，FAS），共包含 242 个指标，主要从各国中央银行、监管部门等供给端获取普惠金融数据。

这些普惠金融指标体系各具特色，对监测和评估全球普惠金融发展水平、推动普惠金融发展起到了积极作用，但部分指标也存在数据不可得、数据质量不高等问题，且难以充分反映各国普惠金融发展特色。

2016 年 12 月，中国人民银行正式下发《中国普惠金融指标体系填报制度（试行）》及《中国普惠金融指标体系》。《中国普惠金融指标体系》（2016 年版）[①] 共涵盖金融服务的可得性、使用情况和质量三个维度，包含 20 类 51 项指标（见表 1-2），其中使用情况维度包含 11 类共 28 项指标，可得性维度包含 4 类共 9 项指标，质量维度包含 5 类共 14 项指标。

---

① 2016 年中国人民银行发布的《中国普惠金融指标体系》，下同。

表1-2 《中国普惠金融指标体系》(2016年版) 维度和类别

序号	使用情况维度	可得性维度	质量维度
1	账户	金融服务点	金融知识
2	活跃使用账户	助农取款服务点	金融行为
3	银行卡	服务网点的互通性	金融服务投诉
4	人均非现金支付笔数	每万人拥有的借记卡数	信贷障碍
5	数字支付		信用建设
6	个人信贷		
7	小微企业信贷		
8	民生信贷		
9	涉农信贷		
10	精准扶贫信贷		
11	保险		

资料来源：余文建．普惠金融指标体系构建——从国际探索到中国实践 [J]．中国金融，2017(5)：92-93．

在《中国普惠金融指标体系》中，44个指标数据来自现有统计体系，以人民银行数据居多，数据来源较为稳定、数据质量较为可靠；5个指标通过人民银行金融素养问卷调查采集；2个指标采用与《G20普惠金融指标体系》一致的赋值方法得出。《中国普惠金融指标体系》注重体现前瞻性，突出了普惠金融领域最引人瞩目的变化——数字普惠金融的发展以及金融消费者教育、保护的进展。同时，《中国普惠金融指标体系》也充分考虑了我国国情，设计了"精准扶贫信贷""民生信贷""涉农信贷"等中国特色指标。

根据《中国普惠金融指标体系》，2018年8月中国人民银行金融消费权益保护局发布《2017年中国普惠金融指标分析报告》，从2017年填报结果看，我国普惠金融稳步发展，金融服务可得性、使用情况、质量进一步改善，传统金融产品和服务已广泛普及，信息技术发展正深刻改变着普惠金融的发展方式。

除了中国人民银行的实践，中国人民大学中国普惠金融研究院（CAFI）于2018年6月发布《中国普惠金融发展监测报告（2017·浙江）》，以浙江调研数据为基础，构建了包含"可得性、使用情况、质量、满意度、金融能力、障碍、数字化程度和预期"八个维度的普惠金融指标体系和具体对应到个人的CAFI普惠金融综合指数。虽然浙江省已经在账户渗透率等国际常用指标上处在全国甚至世界先进水平，但将 CAFI 指数应用于分析浙江省普惠金融发展状况可以发现许多政策制定者和金融部门关注的问题。

(二) 普惠金融体系的影响因素

Priyadarshee 等 (2010) 分析了印度三个州的发展状况，提出政府实施的公共政策和对社会保障项目的支持是普惠金融实现的关键，社会保障项目可以激发出穷人对金融服务的需求，满足了这些需求又可以加深社会保障项目的影响。

Sarma 和 Pais (2011) 在 Sarma (2008) 计算出的普惠金融指数的基础上，发现普惠金融指数和下列因素紧密相关：社会经济因素、基础设施因素、收入、不平等、识字率、城市化等。最后得出的结论是，银行系统的健康对普惠金融并没有明确的影响，反而所有权模式是比较重要的。

Johnson 和 Arnold (2012) 使用 2009 年肯尼亚的数据，分析了社会经济、人口和地理因素与正规金融服务使用的关系。具体来说，他们从职业、教育、年龄、资产和支出、地理、性别六个方面，每个方面又包括许多细小的项（如资产和支出项下包括：房屋是传统的或者半永久的又或者永久的、收音机、电视机、自行车、汽车、自己的手机、小灵通、支出费用的对数），运用 Probit 回归进行分析。

Chakravarty 和 Pal (2013) 对印度 1972~2009 年的普惠金融体系进行研究，计算出普惠金融指数。他们选取的影响因素包括 "普惠金融指数的滞后一期""趋势项""收入与资本的比例""农业的份额"以及两个划分时间阶段的哑变量。他们使用 GMM 估计，并与其他方法（包括组内固定效应估计、因变量缺失的 Tobit 随机效应估计、可行广义最小二乘法以及 Prais-Winsten 回归）的结果进行比较。

Asli 和 Leora (2013) 在检验国家层面的普惠金融程度时，依据 2011 年的收入水平把 148 个国家分为四个组，选取的影响因素包括：GDP 与资本的比例的对数、国内私人部门的信贷占 GDP 的比率、基尼系数以及三个分组的哑变量。在检验普惠金融体系存在的障碍时，Asli 和 Leora 把国家分为发达经济体、新兴市场及发展中国家，使用的影响因素包括：社会的不发达、银行集中度、银行集中度与法律规定的乘积、通货膨胀率的波动、银行资产管理费用的比率以及两个划分市场的哑变量。

王婧、胡国晖 (2013) 把影响我国普惠金融发展的因素分为宏观经济、收入差距、接触便利和金融调控四类，其中宏观经济使用变量"第一产业拉动率""第二产业拉动率"和"第三产业拉动率"来代表，收入差距使用变量"城乡收入差距",接触便利使用变量"公路里程数",金融调控使用"法定存款准备金调整次数"。他们使用 2002～2011 年我国的年度数据进行 OLS 回归,其中"第三产业拉动率"由于共线性问题被剔除,回归结果显示,第一产业拉动率、第二产业拉动率及公路里程数与普惠金融指数呈显著正相关,城乡收入差距、法定存款准备金率调整次数与普惠金融指数呈负相关,但是不显著。

李滨(2014)选取各省的"居民加权人均收入""互联网普及率""平均教育年限""城镇化率""金融相关程度"五个指标作为影响因素,其中前四个指标为社会因素,金融相关程度为金融因素(其计算公式为:各省金融资产/GDP)。他使用 2012 年我国各省的横截面数据进行截面多元线性回归,其中也同样涉及多重共线性问题,剔除城镇化率指标,回归结果显示解释变量的系数都为正,除了"互联网普及率"的系数说明影响不显著外,其余都是显著的。

郭田勇、丁潇(2015)运用全球金融包容性专题调查数据对普惠金融发展状况进行了国际比较。研究发现,经济发展水平、金融意识和信贷资源价格是影响发达国家和发展中国家普惠金融发展的共同因素,差异体现在信息科技水平显著作用于发达国家,而发展中国家则受城镇化水平和人口地理因素的影响。

陆凤芝等(2017)研究发现,普惠金融与地区经济之间呈"U"型关系,前一期的普惠金融水平、人口城市化率等因素对中国普惠金融发展具有显著且稳健的正向影响,地方政府支出占比不能促进普惠金融的发展。

张正平、杨丹丹(2017)结合中国 31 个省份 2010～2014 年的数据研究发现,新型农村金融机构扩张对普惠金融发展水平有显著的正向影响,并且在金融市场竞争水平越高的区域,这种影响越大;人均地区生产总值、交通便利程度、城乡收入差距、农村保险发展水平等因素均对普惠金融发展水平有显著的正向影响,并且这种影响在不同区域存在差别。

张珩等(2017)基于 2008～2014 年陕西省 107 家农村信用社全机构调查数据,研究发现投资环境、产业结构、竞争环境、政府财政支出、城乡收入差距对农村信用社普惠金融服务总体水平有显著影响。

从上述文献中可以看出,影响因素研究多采用经济因素(如收入、资产、资本、产业结构、金融调控等)和社会因素(如教育、城镇化、地理位置、互联网等),学者的研究逐渐从宏观因素转向微观因素。在普惠金融的大主题之下,各个学者选定的研究对象存在差异(有的研究多个国家的横截面数据,有的研究特定国家的时间序列数据,也有的研究特定国家的省(州)际横截面数据),选取的影响因素也依据研究对象的不同而有所不同。

三、普惠金融与贫困减缓

国外许多文献验证了普惠金融项目对于家庭经济增长、社会福利增加、贫困减少是有益的(Pitt & Khandker,1998;Dupas & Robinson,2013)。近年来,随着普惠金融减缓贫困这一问题的研究不断深入,国内理论与实证相结合的研究日趋成为主流,它们对于减贫效果存在一定的争议。

多数学者的研究都认为,普惠金融能起到贫困减缓的作用。韩晓宇(2017)测度了2006~2014年我国各个省级地区的普惠金融发展指数,发现发展普惠金融具有明显的减贫效应,并且是贫富差距的单向格兰杰原因;普惠金融减贫的边际效应中西部>中部>东部。魏丽莉、李佩佩(2017)基于2005~2015年西部12个省份数据展开分析,实证结果表明,从普惠金融的各个维度看,金融服务覆盖率、金融服务可得性及金融资源的实际使用效率对贫困均有明显的减缓作用。徐强和陶侃(2017)使用组合赋权法构建了中国省级金融包容指数,实证结果表明,金融包容通过经济增长作用于贫困减缓,金融包容与贫困减缓之间呈现稳定的正向关系,金融包容水平的提高有利于贫困的减缓与消除。卢盼盼、张长全(2017)基于中国31个省份2005~2014年的面板数据,实证中国普惠金融的减贫效应。综合来看,中国普惠金融发展存在显著的减贫效应;分维度来看,和银行网点密度、银行从业人员密度相比,贷款密度的减贫效应更大。陈名银(2017)对湖南怀化市农村地区开展调查研究,获取了13个县(市、区)部分宏观数据与494户农户的调查问卷微观数据,实证结果表明,普惠金融是农村地区减贫重要手段,普惠金融发展不足成为农村贫困地区扶贫开发的阻碍。

部分学者从直接和间接效应两个方面进行普惠金融减缓贫困的研究。贝多广(2017)指出,普惠金融减贫增收可以通过直接效应和间接效应两种路径:发展普惠金融能直接改善贫困人口等弱势群体所面临的困境,普惠金融发展能够推动经济增长和改善收入分配,从而间接实现减贫增收。邵汉华、王凯月(2017)采用全球金融发展数据库、金融可获得性调查数据库中90个国家2004~2014年的面板数据,研究发现,普惠金融能够显著地减缓贫困,并且在减少贫困广度方面的效力要大于贫困深度;普惠金融可以通过改善收入分配来减少贫困,但是普惠金融经济增长效应的减贫机制没有通过实证检验。

有学者提出普惠金融的减贫增收效应对不同收入阶层的群体存在显著异

质性。朱一鸣、王伟（2017）利用全国 2018 个县域的数据，分层比较了普惠金融发展对不同收入阶层群体减贫增收作用的异质性及促进减贫增收的内在机制。研究表明，普惠金融有利于农村居民增收。但是，普惠金融的减贫增收效应对不同收入阶层的群体存在显著异质性，对贫困县农村居民的减贫增收作用要明显小于非贫困县。贫困地区和贫困人口经济机会的缺乏，内生性决定了普惠金融减贫效应的异质性特征。进一步研究发现，经济增长是普惠金融发展促进减贫增收的重要机制，对于贫困县，普惠金融发展的减贫增收作用在很大程度上要归因于经济增长的中介效应。

还有学者认为，普惠金融和贫困减缓是非线性关系，两者存在门槛特征。罗斯丹、陈晓和姚悦欣（2016）依据改进型指数功效函数计算各省 2005~2014 年普惠金融指数，并在此基础上实证检验我国普惠金融发展的减贫效应，结果表明，我国普惠金融与贫困减少之间并不是简单的线性关系，两者呈 U 型。从短期来看，普惠金融水平的提高可以显著降低减贫水平，但从长期来看，普惠金融发展抑制贫困减缓，即从减贫效果来看，存在最优的普惠金融发展水平。普惠金融发展对于贫困减少存在显著的门槛特征，普惠金融减贫效应随着人均收入水平的提高而增强。黄秋萍、胡宗义和刘亦文（2017）利用中国 31 个省份 2007~2015 年的数据，基于面板平滑转换模型研究普惠金融发展的贫困减缓效应。研究结果表明，加上中国普惠金融发展水平的判断，普惠金融发展水平与贫困程度存在显著的非线性关系，并表现出显著的单一门槛特征。在跨越门槛值之前，普惠金融发展对贫困的影响表现为显著的抑制作用；在跨越门槛值之后，贫困减缓效应随着普惠金融发展水平的提高有所减弱，体现了边际效应递减规律。

另外，也有学者认为普惠金融对贫困减缓的作用有限。李建军、韩珣（2017）的实证研究结果表明，发展普惠金融能够促进经济增长，但在改善收入分配和贫困减缓方面的作用比较有限。

综上，关于普惠金融减缓贫困的文献，自 2017 年以来在数量上出现了大幅增加，表明这一问题引起了学者的关注和重视。多数研究结论都表明，普惠金融的发展能起到贫困减贫的作用，除了直接作用机制外，还存在间接作用机制（通过促进经济增长、促进包容性增长、改善收入分配等途径）。同时也有部分研究结果认为二者是非线性关系，存在一定的门槛特征和异质性。

第三节 研究内容与方法

一、研究内容

本书围绕普惠金融发展的减贫效应展开研究,具体而言,本书分为理论篇和实践篇,研究内容安排如下:

理论篇共包含六个章节。

第一章为绪论。包含研究背景和意义、文献综述、研究内容与方法、创新及不足之处。文献综述部分,首先,介绍普惠金融的概念与发展;其次,总结前人关于普惠金融评价体系的构建及其影响因素;最后,论述前人关于普惠金融与贫困减缓关系的研究。

第二章为普惠金融的理论基础与可持续性分析。理论基础部分包括"普惠"一词的溯源、普惠金融的相关界定、发展经济学以及社会公平正义。可持续性分析部分探讨小额信贷的激励安排,并且通过无限次博弈分析,在借款者自愿还贷的框架下,讨论银行自愿发放贷款需要满足的条件,以探寻影响小额信贷可持续发展的根本因素。

第三章为国际及国内视野下的我国普惠金融发展状况。从两个层次构建普惠金融的评价体系:第一个层次是考察国际视野下我国普惠金融发展的情况。利用国际货币基金组织开展"金融接触调查"所公布的数据,计算37个国家与地区2008~2013年普惠金融指数的变化情况,同时从"服务范围"和"使用情况"两个维度构建更为详细的评价体系,考察2013年28个国家与地区的普惠金融指数,分析我国排名的变化及其中的原因。第二个层次是计算2005~2013年我国的普惠金融指数。根据金融需求分为三个维度:存贷款(包含取款)、保险、支付转账,各个维度下设不同的指标。

第四章为我国各省份普惠金融的发展及其影响因素研究。首先是计算我国各省份的普惠金融指数(2013年的横截面数据),选取的指标分为四个维度:宏观、银行、新型金融机构、保险。其次是针对2013年横截面数据进行普惠金融体系的影响因素分析,影响因素包括:人均GDP(代表经济发展与居民收入水平)、第三产业贡献率(代表产业格局)、平均受教育年限(代表居民文化程度)和交通密集度(代表交通便利程度)。

第五章为普惠金融对贫困减缓的影响分析。首先，从理论上分析普惠金融对贫困减缓的直接作用机制和通过包容性增长的间接作用机制；其次，对我国各省份2005~2013年的普惠金融指数和包容性增长指数进行测算；再次，进行普惠金融、包容性增长与贫困减缓的实证分析，验证普惠金融对贫困减缓的直接作用机制；最后，通过实证检验，探讨普惠金融影响贫困减缓的作用机制，验证普惠金融通过包容性增长对贫困减缓的间接作用机制。

第六章为理论研究结论、建议与展望。从普惠金融的发展及普惠金融的贫困减缓作用两个方面来总结理论篇的研究结论与建议，同时对未来的研究方向提出展望。

实践篇基于项目"云南边疆民族地区普惠金融减缓贫困对策研究"的研究成果，共包含四个章节。

第七章为云南边疆民族地区贫困及金融接触状况——基于需求方的调研。首先，将项目研究的"云南边疆民族地区"界定为云南省八个边疆州、市（分别简称怒江州、保山市、德宏州、临沧市、普洱市、西双版纳州、红河州、文山州）。其次，先基于对统计数据的分析，对云南边疆民族地区的总体状况有所掌握；然后笔者及相关成员走访了云南八个边疆州、市其中的六个州、市，针对贫困人群开展问卷调查，获取有效问卷200份，分析其贫困状况和金融接触状况；之后，笔者深入云南省"直过民族"聚居地之一——普洱市澜沧拉祜族自治县进行调研。最后，基于上述研究，归纳贫困人群的经济行为、生活行为和心理行为特征。

第八章为云南省普惠金融发展状况——基于供给方的研究。首先，基于统计数据和相关研究数据，比较云南省边疆州、市与非边疆州、市的普惠金融发展状况，以及数字普惠金融的发展状况。其次，先概述云南省普惠金融减缓贫困的总体成效，然后基于信贷、保险和"信贷+保险"三种分类，研究普惠金融产品在云南边疆地区的发展和减贫成效。最后，讨论云南省普惠金融组织的三个典型案例——富滇银行"格莱珉"扶贫模式、农村资金互助组织及农村信用社，以供边疆地区借鉴。

第九章为云南边疆民族地区发展普惠金融减缓贫困的难点。基于对现实状况的掌握，提出云南边疆民族地区发展普惠金融以减缓贫困的难点所在，即交通基础设施较为薄弱、普惠金融可得性有待提高、普惠金融使用情况欠佳、数字普惠金融覆盖不足、弱势群体金融素养较低。需要说明的是，云南边疆民族地区特别是边境一线，十分落后的交通基础设施严重制约了产业和经济的发展，普惠金融的发展无从谈及，因此笔者把该问题列为需要解决的难点之一。

第十章为云南边疆民族地区发展普惠金融减缓贫困的对策建议。基于上述的难点分析，项目提出云南边疆民族地区发展普惠金融以减缓贫困的五个对策建议：一是推进交通基础设施建设，二是提高普惠金融的可得性，三是改善普惠金融使用情况，四是扩大数字普惠金融覆盖，五是提升弱势群体金融素养。

二、研究方法

本书使用的研究方法主要包括：

（1）文献研究法。本书第一章通过对大量文献资料进行收集、整理、归纳和分析，系统地总结了普惠金融的概念和发展、普惠金融评价体系的构建及其影响因素，以及普惠金融与贫困减缓关系的相关研究。

（2）模型分析法。在第二章分析普惠金融的可持续问题时，本书通过构建无限次博弈模型的分析，在借款者自愿还贷的框架下，讨论银行自愿贷款所需的条件，以寻求影响小额信贷可持续发展的本源因素。

（3）实证分析方法。本书提出普惠金融的评价体系之后，使用主成分分析法和全局主成分分析法，在第三、四、五章分别进行普惠金融指数的测算；在第四章研究普惠金融的影响因素时，使用加权最小二乘估计（WLS）对OLS进行修正；在第五章研究普惠金融对贫困减缓的部分，进行动态面板系统GMM估计。

（4）比较研究法。在理论篇中，本书在第三章考察国际视野下我国普惠金融发展情况时，对我国与其他国家的普惠金融发展情况进行比较分析；在第四章和第五章计算我国各省普惠金融指数时，对各省的普惠金融发展情况进行比较和排名。在实践篇中，本书对云南八个边疆州、市与八个非边疆州、市的一系列统计数据进行比较，以说明边疆州、市的总体状况。

（5）问卷调查法。笔者及相关成员走访了云南八个边疆州、市中的六个州、市，对边疆州、市的贫困人群进行问卷调查，获取有效问卷200份，并进行问卷分析。

（6）案例分析法。在实践篇第八章中，为了说明云南省普惠金融组织的发展情况，本书以富滇银行"格莱珉"扶贫模式、农村资金互助组织和云南省农村信用社为三个典型案例进行阐述和分析。

综上所述，本书的研究将充分应用经济学、金融学、统计学等学科方法，实现全面系统的分析，遵循"理论指导实践、实证验证理论"的思路，层层递进，使研究有理有据，研究结论具有理论和现实意义。

第四节 创新与不足之处

现有文献对普惠金融指数构建的评价体系，多选取商业银行的各项指标，这样选取的指标虽能够反映"商业银行发展程度"或者是"金融发展程度"，但是和"普惠金融"的定义还存在一定的差距。本书构建的普惠金融评价体系，除了包含传统的银行维度的指标，还在不同层面的指标体系中加入了不同维度的指标，如在各个层面中都加入了保险维度的指标，在各省普惠金融发展的测度中加入了新型金融机构维度的指标。

前人在构建普惠金融评价体系之后，计算我国普惠金融发展的年度指数，或我国各省普惠金融的横截面指数。本书在综合两者的基础上，又加入了国际视野下的比较研究，力图从不同层面进行普惠金融发展程度的展示。

本书在测算出 2005~2013 年我国各省的普惠金融指数和包容性增长指数之后，结合包容性增长，对普惠金融与贫困减缓的作用机制进行理论分析与实证研究。前人多为研究金融发展的减贫作用，涉及普惠金融和包容性增长的甚少。

但是，本书在构建普惠金融评价体系的过程中，受到了诸多数据方面的限制。例如，新型金融机构（较为典型的是小额贷款公司与村镇银行），其金融服务对低收入人群和小微企业的针对性更强，但是其数据较难获得，数据的年限也较短；最近兴起的互联网金融（包括余额宝、P2P、众筹等），它减少了金融交易成本，使人们能更方便快捷地了解金融知识，进行金融业务操作，这对普惠金融的发展具有较大的促进作用，但是其数据很难获得，尚没有系统的统计数据。也是基于这个原因，本书构建多个层级的评价体系，试图从不同层面进行展示。此外，本书构建的普惠金融评价体系以宏观层面的指标居多，微观层面的指标有所欠缺。

在实践篇中，由于资源有限，项目针对云南边疆民族地区贫困户的调查只获取了200份问卷，不足以进行更深层次的问卷分析；对于云南省普惠金融组织的调研，由于资源和能力有限，未能在边疆地区展开农村信用社和资金互助组织发展情况的调研。

综上所述，本书可能的创新之处，一是构建的普惠金融评价体系更加全面、切合定义，有别于前人构建的以商业银行为主的指标体系；二是从国际视野、我国的发展历程、我国各省份区域特征三个层次，构建不同的普惠金融评价体系，力图进行多层面的展示；三是在计算包容性增长指数和普惠金融指数的基础上，结合包容性增长，研究普惠金融对贫困减缓的作用机制，有别于前人研究金融发展的减贫作用。理论篇的主要不足之处在于普惠金融评价体系的构建受到诸多数据方面的限制，未来尚有许多可以改进和补充的内容；实践篇的主要不足之处在于问卷调查数量不足以支撑深入分析，以及部分研究未能在云南边疆民族地区展开更深入的实地调研。

第二章
普惠金融的理论基础与可持续性分析

本章分析普惠金融的理论基础，探讨普惠金融的可持续性问题，其中通过无数次博弈分析，在借款者自愿还贷的框架下，讨论银行自愿贷款所需的条件，以寻求影响小额信贷可持续发展的本源因素。

第一节 普惠金融的理论基础

一、溯源"普惠"一词

"普惠金融"这一概念源于英文"Inclusive Financial System"的中文翻译，该英文概念也可被翻译为"包容性金融体系"。"Inclusive Financial System"是由联合国在 2005 年宣传小额信贷年时率先提出的。其基本含义是：一个能有效地、全方位地为社会所有阶层和群体，尤其是那些被传统金融忽视的农村地区、城乡贫困群体和小微企业，提供服务的金融体系。其追求的目标是：任何个人和组织都能够以合适的价格、方便快捷地获得高效的金融服务，当他们有金融需求的时候。换句话说，就是让那些被传统金融排除在外的个人和组织（包括低收入人群、小微企业等弱势群体）也能拥有公平的机会获得金融产品和金融服务。

国内最早引入并推广"Inclusive Financial System"这一概念的是中国小额信贷联盟。为了翻译这一概念，他们进行了反复的斟酌和讨论。"Inclusive"是全面、完全、包罗万象的意思，有人提出翻译为"全面金融"，也有人提出用"包容"等名词，但是这些词汇不能表达服务对象的广泛性，失去了关注贫困人口的内涵。最终，中国国际经济技术交流中心处长、中国小额信贷联盟秘书长白澄宇提出用"普惠金融体系"翻译"Inclusive Financial System"。

"普"有全、广、遍的意思，体现了"Inclusive"这个概念，也就是将所有人，无论贫穷还是富裕，都纳入金融服务体系。纳入金融服务体系，不是要求所有人都要使用金融服务，而是赋予所有人享受金融服务的权利，人人都可以平等地获得享受金融服务的机会。这体现的是一种"平等的权利"。只有每个人拥有享受金融服务的机会，才能让每个人有机会参与经济的发展，实现共同富裕，建立和谐社会。

这里的"惠"是实惠，是让所有人得到金融服务的实惠，体现了"Inclusive Financial System"的内涵。金融是帮助贫困及低收入人群脱离贫困的有效手段，将这部分人群纳入金融体系，对于改善低收入者的经济状况及收入水平有深远的意义。从这个意义上来说，"惠"字在一定程度上体现了金融服务能够改善贫困人群生活水平的意义。但是，"惠"不是恩惠，不是救济和施舍，如果只是单纯地"输血"，将资金转移到低收入人群手中，那就不是普惠金融的意义所在了，普惠金融是让所有人得到金融服务的实惠，是"造血式"的，是商业可持续的。

事实上，"普惠"这个提法并非今天才有。"普惠制"原本是国际贸易中关于关税优惠的一项制度。普惠制的三项原则是：一是普遍的，对所有发展中国家出口的制成品和半制成品，所有发达国家应给予普遍的优惠待遇；二是非歧视的，应使所有发展中国家都能无例外、无歧视地享受普惠制待遇；三是非对等的，发达国家应该单方面对发展中国家出口的制成品和半制成品给予特别的关税减让，而不要求发展中国家予以同等的优惠。如今，"普惠制"的原则已在其他领域得到运用。在金融领域中，"普惠"一词体现的是人人都拥有平等的机会获得金融服务这一理念。

普惠金融体系的理念就是满足所有有金融需求的顾客，特别包括低收入群体。其实质就是信贷机会的公平、金融服务渠道享用权的公平问题。总之，发展普惠金融体系，要转变原先对传统金融体系的认识，金融服务不应当被富人独占，数量众多的弱势群体应当和其他人一样，获得享受共同的、公平的金融服务的权利。

二、普惠金融的相关界定

普惠金融是小额信贷及微型金融的延伸和发展，此处再次强调对普惠金融概念的相关界定。与小额信贷相比，普惠金融不仅包含贷款，还包含储蓄、保险和支付结算等金融服务；与微型金融相比，普惠金融不仅包含小额信贷公司、农村信用合作社和乡村银行等微型金融机构，还包括大型商业银行等传统意义上正规的金融部门。普惠金融的宗旨是将微型金融融入主流的金融体系，更好地发挥微型金融的潜力。

焦瑾璞和陈瑾在合著的《建设中国普惠金融体系》一书的第 38 页，将普惠金融体系的目标客户界定为两个部分——微型金融的客户及被微型金融排斥的赤贫的客户，如图 2-1 所示。

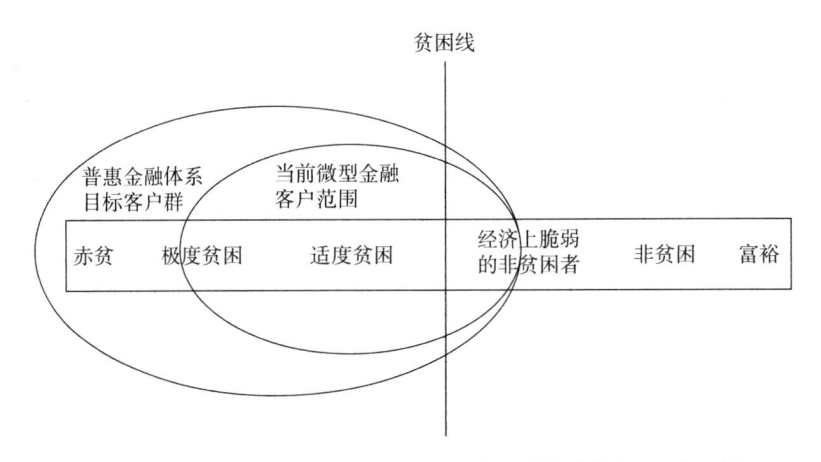

图 2-1　《建设中国普惠金融体系》一书提出的普惠金融目标群体

然而笔者认为，这个提法是有偏差的，普惠金融体系容纳的是所有需要金融服务的人，虽然普惠金融体系特别强调要将原先被传统金融和微型金融都排斥在外的客户群体包容进来，但是对于普惠金融体系内的所有客户，提供更加方便、快捷、低成本的金融服务也同样重要。笔者认为，普惠金融体系不但要包容更多的客户群体，而且也要为客户提供更加方便、快捷、低成本的金融服务。这赋予了普惠金融体系更大的现实意义。根据上述内容，笔者对普惠金融目标群体进行了修改，如图 2-2 所示。

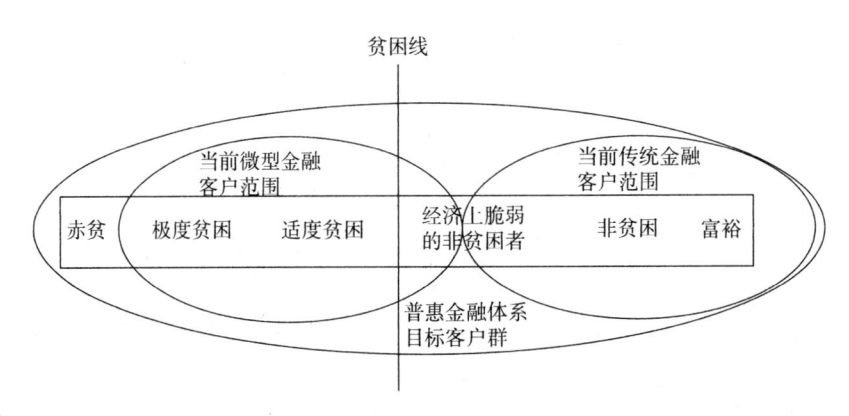

图 2-2　本书提出的普惠金融目标群体

同时，本书要强调普惠金融不等同于财政"扶贫"。虽然普惠金融体系要将所有有金融服务需求的人群包含进来，但是对于绝大多数赤贫人口来说，其急需的是食物、医疗、救济金或有保障的就业，而非金融服务。帮助赤贫人口获得金融服务的一个途径是，以更适合赤贫人口的生存环境并满足其需求的"福利项目"为开始，通过福利项目对接微型金融（福利项目为微型金融机构输送客户、提供参与者的行为信息），最终帮助赤贫人口获得金融服务。因此，虽然普惠金融体系包含了所有的客户群体，但是普惠金融体系不等于政府财政扶贫，不等于要向赤贫的人口直接提供资金支持，这是应当区分开的。

在追溯"普惠金融"的来源及界定相关概念之后，阐述和普惠金融相关的两个理论：一是发展经济学，二是社会公平正义，从而为普惠金融打下理论基础。

三、发展经济学

在 20 世纪 30 年代的"大萧条"和"萨伊定律"之后，出现了凯恩斯主义理论，它使新古典经济学（假设个人偏好、禀赋和技术不变）受到了前所未有的质疑和挑战。20 世纪 40 年代后，发展中国家（东亚、南亚、东南亚、非洲和加勒比海地区的国家）逐渐取得了独立，并且开始探寻经济发展的道路。发展经济学的出现对于这些发展中国家来说无疑是雪中送炭，因为新古典增长理论在完全竞争条件下所探讨的边际分析和稳态均衡增长，由于其市场和制度的发展还极不完善，对于发展中国家来说是不适用的。作为一门研究发展中国家或者落后国家如何发展经济的非主流经济学，发展经济学在发展中国家获得了广泛的支持。发展经济学提出了不完全竞争和政府干预的观点，其一系列政府干预政策（如贸易保护、进口替代、出口导向、平衡增长与不平衡增长等）在发展中国家得到了广泛的应用。

到了 20 世纪 70 年代，滞涨危机的出现使凯恩斯主义和政府干预理论受到了严肃的批评。20 世纪 80 年代末，美国国际经济研究所邀请拉美国家代表、世界银行、国际货币基金会、美洲开发银行和美国财政部的研究人员，在华盛顿召开了一个旨在为陷入债务危机的拉美国家提供经济改革方案的研讨会。研讨会提出了当时华盛顿政策圈所主张的拉美国家应采取的经济改革措施，即后来被称为"华盛顿共识"的十点措施，包括：约束财政；公共支出转移到健康、教育和基础设施建设；税制改革；利率自由化；实行竞争汇率；贸易自由化；FDI 自由化；私有化；放松管制，消除门槛和障碍；保护产权。"华盛顿共识"主张经济自由，强调实现个人行为的最优均衡以及政府干预的最小化，反对发展经济学所提出的政府干预和不完全竞争的观点。

然而，"华盛顿共识"在许多方面的不切实际，以及遵循"华盛顿共识"的拉美国家和非洲国家在经济发展上的失败，引起了学术界大量的研究和对"华盛顿共识"的反思。学者认为，"华盛顿共识"所提出的观点需要在完美市场的苛刻条件下才能成立；发展中国家出现严重的"寻租"与政治腐败、垄断与不完全竞争、信息不对称以及公共部门投资对私人投资的挤出等，市场并不能有效解决经济增长和收入分配问题；贫困国家存在很多导致贫困的原因，主要包括资本和资源使用效率低、人力资本缺乏、制度落后、对投资和新技术的激励不足、货币和财政政策波动性强、整体信用度低、与世界市场隔绝等，而"华盛顿共识"之所以会失败，关键在于它没有分辨清楚可能是最关键的、制约经济增长的因素并致力于解决它们。

此后，Stiglitz（1998）从制度和市场失灵的角度，提出"后华盛顿共识"（又称为新发展经济学），以反对"华盛顿共识"。与旧发展经济学相比，新发展经济学主要有以下几个特征：从市场不完善的角度，试图回到古典的和统计的方法上，同时拓展了主流经济学的方法；采用增长理论的内生制度分析和内生技术变化，特别是在分析中引进了人力资本；不仅关注经济增长，还关注收入分配、贫困、环境等问题；还从信息不对称的角度，指出市场无法自动实现资源的最优配置，承认政府在其中具有的积极作用，批评在亚洲金融危机前后 IMF 所倡导的私有化、资本账户开放等政策。

从上述发展经济学的发展历程，我们可以得出关于普惠金融的启示：发展中国家并非完美市场，存在如政治腐败、垄断与不完全竞争、信息不对称、公共部门投资对私人投资的挤出等市场缺陷；与发展经济相似，单单依靠市场来发展金融并不能有效地解决问题，反而会使阶层差距扩大，不利于社会的和谐与稳定；在发展金融的过程中，政府应当起到积极的作用，为被正规金融排斥在外的弱势群体（包括贫困居民和小微企业）提供享受金融服务的权利，这正是普惠金融的意义所在。

四、社会公平正义

发源于西方近代社会的社会主义运动，追求政治平等、经济平等及各项社会权利的平等。在现代社会，平等问题也是社会公平的重要问题之一。随着现代生产的跃进式发展和市场经济的运行，社会上占有财富不平等的现象愈演愈烈，并将逐渐形成占有社会财富的两极分化。在现实中，社会财富占有的不平等问题更为严峻。就我国而言，当前占有社会财富的两极分化现象已经出现，并且我国的基尼指数多年来一直超过国际警戒线。不同社会阶层之间的差距拉大，社会阶层之间的流动不顺畅，尤其是社会阶层中的底层人员在目前城乡二元结构的体制之下难以获得公平公正的对待。如果大多数社会成员在心理上无法承受社会财富过分悬殊的两极分化，感受不到自身经济利益的改善，特别是社会底层的人员感受不到生活在改善，就很有可能会危及社会的和谐和稳定。

自中共十七大以来，"社会公平正义"被置于国家发展战略的突出位置，通过促进社会公平正义来实现发展成果由人民共享，已上升为科学发展观的核心内容之一。坚持维护社会公平正义，是中共十八大报告提出的一项基本要求。公平和正义是中国特色社会主义的内在要求，要加紧推进对促进社会公平正义具有重大作用的制度建设，以规则公平、权利公平、机会公平为主要内容，逐步建立社会公平保障体系。

"可持续发展"这一概念，也蕴含社会公平的理念。在国际上，可持续发展被表示为经济增长、社会公平、生态安全的三重底线。可持续发展的社会公平原则以改善人类生活质量、促进社会整体进步为最终目的，这是可持续发展的重要内容之一，强调要控制人口数量，提高人口素质，合理调节社会分配关系，消除贫富两极分化、失业等社会不平等现象，大力发展教育、文化和卫生事业，建立和健全社会保障体系，保持社会稳定等。

建立以多元化为特征的普惠金融体系，保障社会每个经济主体金融权利的平等，是符合社会公平正义的理念，满足中国特色社会主义内在要求的；让有真实需求的所有人，能够以合理的价格，方便和有尊严地获取全面的高质量的金融服务，是符合可持续发展的社会公平原则的，能改善人们的生活质量，促进社会整体的进步。这也是普惠金融体系发展的重要理论依据之一。

第二节　普惠金融的可持续性分析

在第一章中阐述过，普惠金融是小额信贷及微型金融的延伸和发展。相比小额信贷，普惠金融还包含了储蓄、保险和支付结算等金融服务；相比微型金融，普惠金融不仅包含微型金融机构，还包括大型商业银行等传统意义上正规的金融部门。普惠金融的宗旨就是将微型金融融入主流的金融体系，更好地发挥微型金融的潜力。

在我国，传统正规金融部门的发展已经较为成熟，经过多年的历练，其可持续性已经较为稳定，而微型金融机构发展历程较短，其中蕴藏的风险大，稳定性及可持续性都较差。因此，本节主要讨论微型金融可持续性问题，并具体针对小额信贷，一方面总结信贷激励安排，另一方面通过无限次博弈分析，在借款者自愿还贷的框架下，讨论银行自愿贷款所需的条件，以探寻影响小额信贷可持续发展的根本因素。

一、可持续问题之争

学者通常根据微型金融机构经营目标和理念的不同，把微型金融划分为两大类：一类是以扶贫与发展为首要目标的"福利主义"，另一类是关注商业可持续性的"制度主义"。

福利主义的代表是孟加拉乡村银行，虽然其在扶贫方面取得了举世瞩目的成绩，但遗憾的是，其至今仍未能实现财务上的可持续发展。福利主义强调通过微型金融项目来改善低收入人群的生活状况，从而实现社会整体福利的提高。福利主义注重"贫困覆盖深度"而非广度，强调向最贫穷的人群提供金融服务。在实际运营中，福利主义微型金融的资金来源广泛依赖捐赠、国际组织的低息或无息贷款及政府的补贴，这种经营形式不是单纯依靠商业运作发展的。

制度主义强调微型金融机构的可持续性，实现自负盈亏。微型金融体系正经历着商业化、正规化的过程，数量众多的微型金融机构逐渐被纳入正规金融体系，并且目前采用国际标准财务体系以使微型金融机构的数据公开化和透明化，用资产回报率和自负盈亏率等财务指标来评价微型金融机构的运营是否成功。微型金融机构只有保证盈利、财务上的可持续，才有可能被大量地复制和推广，才能拓宽扶贫的广度，将扶贫的目标范围不断延伸。相较而言，制度主义更能代表当今主流观点，奉行制度主义的微型金融机构开创了以市场经济方式来解决社会贫困的新渠道。世界银行扶贫协商协会亦在小微金融发展的重要原则中强调，如果要覆盖更多的贫困人口，微型金融必须自负盈亏。

在福利主义向制度主义发展的基础上，"双赢主义"提出微型金融可以把前面提及的两者有机结合起来。双赢主义认为，微型金融的目标差异主要是程度上的而不是本质上的：福利主义也注重机构的可持续发展，而制度主义也关心面向低收入人群的服务。双赢主义提出以福利主义为宗旨，同时以制度主义为手段，既为低收入人群提供有效的金融服务，又要实现机构可持续发展的双赢目标。它的倡议是"微型金融组织如果能够按照良好的银行业务原则进行操作，那么它也将能削减赤贫"。微型金融组织如果能够针对不同收入水平的各类客户，提供与其需求相匹配的各类金融服务，对员工制定合适的工作奖惩制度，建立并实施有效的内部控制系统，那么微型金融机构既可以服务大规模的低收入群体，又能不断地扩大资金规模，降低交易费用，提高盈利能力，自负盈亏，实现微型金融机构的可持续发展。

从微型金融的可持续问题之争，我们可以看出，无论是福利主义、制度主义，还是双赢主义，都注重微型金融机构的可持续发展，唯有保证机构的可持续性，微型金融才能发展下去，服务更多的低收入群体，实现贫困减缓。

二、小额信贷激励安排

提高小额信贷的还贷率，保证微型金融机构的可持续发展，对微型金融机构来说无疑具有重大的意义。还贷率的提高不仅可以使微型金融机构降低利率，使更多的贫困人口承受得起贷款成本，同时还可以使微型金融机构减少对补贴的依赖，自负盈亏，增强独立性与可持续性，从而可以从外部筹集到更多的资金，并覆盖更多的贫困人口。

微型金融机构贷款机制的设计问题直接影响着还贷率。虽然不同模式的微型金融在具体的机制设计上有所不同，但是它们在小额贷款中也具有一些共性，这些贷款技术或者激励安排机制主要包括以下六个方面。

（一）团体贷款

所谓团体贷款制度，就是贷款机构让多个贷款者组成一个团体，团体成员之间实行连带责任、联合担保，以保证本金的安全并减少违约率。这一制度主要来自孟加拉乡村银行传统的贷款模式，其作用机制也是受关注最多的。

团体贷款制度，主要有两种信贷激励安排。

第一种信贷激励安排是小组连带责任及停贷威胁。在团体贷款中，由于借款人不能提供传统信贷所要求的抵押物，所以被要求自己选择同伴组成小组，小组成员要相互担保还款责任，也就是连带责任。每个小组成员获得贷款的机会取决于整个小组的还贷表现，如果小组中任一成员无法还款或者蓄意逃避还款，那么整个小组将被视为集体违约而不能再次借款，除非其他小组成员愿意为违约者偿还贷款。在团体贷款的机制下，那些相互了解且愿意相互结合的人组成小组，把存在较大风险的潜在借款人自动排除在小组之外，同时小组成员会加强对同伴的监督，防止同伴不努力工作或者将资金投资到高风险的行业。所以，这种制度一方面有利于克服由信息不对称而造成的逆向选择问题，另一方面有利于降低借款人选择和执行投资项目时的道德风险。实际上，这种制度安排把个人贷款模式下本应由贷款机构承担的甄别借款人风险、监督借款人行为的绝大部分交易成本和责任，转嫁给了借款人自己或小组成员。

第二种信贷激励安排是组内次序放款。小组所有成员不是同时获得贷款，而是其中一个或几个成员先获得贷款，只有他们可以如约按时还款，其他小组成员才能依次获得贷款。在发放贷款的过程中，任何一个成员出现违约，其他成员就无法获得贷款。因此，停贷威胁是隐含在组内次序放款中的重要内容。这样的激励安排可以强化小组成员对同伴的监督，特别是对还未得到贷款的成员有较强的激励去监督已经得到贷款的成员。

(二) 频繁分期还款

分期还款要求借款人在获得贷款之后，按照一定的期限和一定的额度来归还贷款，具体的还款时间和额度按照双方的约定进行。微型金融机构往往在初始贷款发放时制订定期的还款计划，有可能是一周一次、两周一次或者每月一次。频繁分期还款的制度要求借款人具有平滑稳定的现金流，从而降低了贷款机构的信贷风险，有利于微型金融机构保持财务状况的稳健运行。同时，频繁分期还款机制还具有早期预警功能，微型金融机构工作人员需要定期与客户会面，这创造出了信贷工作人员直接进行监督的机会，使信贷工作人员可以对即将产生的违约风险进行早期预警，从而采取风险控制措施，尽可能地规避风险。

(三) 递增贷款

递增贷款，或称为分步贷款，是指借贷交易期初只发放小额度的贷款，如果贷款机构对借款人的还贷表现感到满意，那么贷款机构将逐步提高贷款的额度。递增贷款实际上是一种动态激励机制，它与停贷威胁也是联系在一起的。保持未来借款的机会对于借款人来说是归还贷款的重要激励，递增贷款的设置增强了停贷威胁的效果，因为贷款额度逐渐增加，将提高借款人未来借款机会的价值，增加借款人失去续借机会的成本。

(四) 替代性担保

由于微型金融一般针对不能提供传统担保抵押的贫困群体，所以克服担保不足是各类微型金融组织必须面对和解决的问题。在国际微型金融的实践中，各种担保替代品广泛存在。这种替代品主要以"小组共同基金""强制储蓄"的形式存在。此外，替代性担保还包括可预期的未来收入和现金流，以及传统金融机构不愿接受的、不受正规法律保护的某种动产。基于"社会资产"的"社会担保抵押"也是一种替代性担保方式。

(五) 针对女性

许多微型金融机构（特别是福利主义微型金融机构）的目标或者使命就定位于针对女性。除了促进女性发展这一社会目标，微型金融机构针对女性这一安排的好处也是明显的。女性客户比男性客户在使用和偿还贷款方面更加可靠，因为妇女进行投资决策比较谨慎，加上妇女的流动性比男性低，便于贷款机构的监督，从而使贷款更加安全。

(六) 信贷附加

除了提供信贷等金融服务外，许多微型金融机构还在使命或目标中纳入社会支持服务，它们向客户提供个人职业技能培训、企业经营培训、初级卫生、健康教育、成人和儿童教育等，这被称为信贷附加方法。提供这些信贷附加服务的目的是提高贫困人口的生存能力和自身素质，增强他们摆脱贫困的能力和信心，从而间接提高他们的还贷能力。

三、小额信贷可持续发展的影响因素分析——基于无限次重复博弈

上文总结了小额信贷常见的激励制度安排，接下来笔者结合信贷激励安排，构建理论模型，通过借款者与银行的无限次博弈分析，在借款者自愿还贷的框架下，讨论银行发放贷款所需的条件，以探寻小额信贷可持续发展的根本因素。通过三种情形的设计，逐渐加大分析的深度，最后结合现实得出结论。

在未来的农业发展中，除了产业化的推进、技术水平的提高，农业资金的支持还会起到越来越重要的作用，农户对银行资金的依赖性加强，银行也会对农户行为进行约束，双方会形成持久的相互合作关系，因此下文采用了无限次重复博弈法来分析小额信贷可持续发展的影响因素。

以下设定农户不存在自有资本，贷款初始金额为 1，贷款利率为 r，设定银行发放单位贷款的成本为 c，农户为申请贷款所做准备的每单位成本为 t，农户获得贷款进行投资的平均回报率为 v（v>r+t）。假设农户会一直申请贷款，并且银行提供的贷款金额农户都能吸收，银行和农户的支付矩阵如图 2-3 所示。

		农户		
		还款		不还款	
银行	贷款	r-c	v-r-t	-1-r-c	1+v-t
	不贷款	0	-t	0	-t

图 2-3 小额信贷的支付矩阵

如果只存在一次博弈，容易求得博弈的均衡为银行选择不贷款，这是银行和农户的短期利益所在。但是，单次博弈纳什均衡的支付水平明显要小于贷款、还款的支付水平。从长期考虑，银行和农户之间将有可能选择合作的无限次重复博弈。

（一）情形一：触发策略

在无限次的重复博弈中，银行和农户可能为了长期利益而选择相互合作。但是，只要农户在某一轮博弈中采取了不合作的违约行为（不还款），那么银行就会启动"触发策略"（银行将会从下一轮博弈开始选择不贷款的策略，并且该策略在以后会被持续执行下去），农户将永久失去获得贷款的机会。① 这与上文所阐述的信贷安排之"停贷威胁"是相似的。

在什么条件下，银行和农户会一直采取贷款、还款的合作策略呢？农户是否采取一直合作的策略取决于他在遵守约定和违反约定之间的价值判断，即重复博弈中各阶段收益的现值之和。用 n（n=1，2，3…）表示重复博弈的轮次，取 n=1 为当期，给定贴现率为 i，假设农户在某一轮 n=T（T≥2）时选择违反约定，那么银行将在 T+1 及其以后各轮博弈中选择不贷款的策略，农户在选择违反约定时长期收益的现值之和 R_{T1} 为：

$$R_{T1} = \sum_{n=1}^{T-1} \frac{v-r-t}{(1+i)^{n-1}} + \frac{1+v-t}{(1+i)^{T-1}} + \sum_{n=T+1}^{\infty} \frac{0}{(1+i)^{n-1}} \quad (2-1)$$

$$= (v-r-t) \times \frac{1+i}{i} \times \left[1 - \frac{1}{(1+i)^{T-1}}\right] + \frac{1+v-t}{(1+i)^{T-1}}$$

如果农户选择永久合作下去，任何情况都不违反约定，那么其长期收益的现值之和 R_{W1} 为：

$$R_{W1} = \sum_{n=1}^{\infty} \frac{v-r-t}{(1+i)^{n-1}} = (v-r-t) \times \frac{1+i}{i} \quad (2-2)$$

想让农户在重复博弈过程中一直选择遵守约定，那么必须要有 $R_{W1} - R_{T1} > 0$，即农户认为遵守约定的收益要大于违反约定的收益。

$$R_{W1} - R_{T1} = (v-r-t) \times \frac{1+i}{i} \times \frac{1}{(1+i)^{T-1}} - \frac{1+v-t}{(1+i)^{T-1}}$$
$$= \frac{(v-r-t)(1+i) - i(1+v-t)}{i(1+i)^{T-1}} \quad (2-3)$$

令 $R_{W1} - R_{T1} > 0$，可得 $i_1 < \frac{v-r-t}{1+r}$ \quad (2-4)

---

① 情形一在张迎春等（2012）的基础上做了少许改动。

由此可以得出，当满足式（2-4）时，博弈双方才会在无限次重复博弈中一直选择贷款、还款的合作策略，因为银行的"触发策略"会使农户为其违约行为付出较大的代价。由条件（2-4）可以得出，在长期内提高农户投资平均回报率 v，降低农户申请贷款的成本 t 和贷款利率 r，都将有助于该条件的实现。

（二）情形二：贷款激励

为提高农户还款的积极性，如果农户能按时归还贷款本息，银行将在下一期将贷款金额提高 k（k≥1）倍。k 可以被称为贷款金额激励系数。这是一个鼓励农户还款，农户累积信用额度的过程。同时这也就是上文所阐述的信贷安排之"递增贷款"（隐含了停贷威胁）。情形一是情形二中 k=1 的特殊情况。为了使结果收敛，假设 1+i>k，其余假设同情形一。农户选择永久合作下去的长期收益现值之和 R_{W2} 为：

$$R_{W2} = \sum_{n=1}^{\infty} \frac{(v-r-t)k^{n-1}}{(1+i)^{n-1}} = (v-r-t) \times \frac{1+i}{1+i-k} \tag{2-5}$$

假设农户在某一轮 n=T（T≥2）时选择违反约定，那么银行将在 T+1 及其以后各次博弈中选择不贷款，农户在选择违反约定时其长期收益的现值之和 R_{T2} 为：

$$\begin{aligned} R_{T2} &= \sum_{n=1}^{T-1} \frac{(v-r-t)k^{n-1}}{(1+i)^{n-1}} + \frac{(1+v-t)k^{T-1}}{(1+i)^{T-1}} + \sum_{n=T+1}^{\infty} \frac{0}{(1+i)^{n-1}} \\ &= (v-r-t) \times \frac{1+i}{1+i-k} \times \left[1 - \left(\frac{k}{1+i}\right)^{T-1}\right] + \frac{(1+v-t)k^{T-1}}{(1+i)^{T-1}} \end{aligned} \tag{2-6}$$

想要农户在重复博弈过程中一直选择遵守约定，那么必须要有 $R_{W2} - R_{T2} > 0$，即农户认为遵守约定的收益要大于违反约定的收益。

$$\begin{aligned} R_{W2} - R_{T2} &= (v-r-t) \times \frac{1+i}{1+i-k} \times \left(\frac{k}{1+i}\right)^{T-1} - \frac{(1+v-t)k^{T-1}}{(1+i)^{T-1}} \\ &= \frac{k^{T-1}}{(1+i)^{T-1}} \left[\frac{(1+i)(v-r-t)}{1+i-k} - (1+v-t)\right] \end{aligned} \tag{2-7}$$

令 $R_{W2} - R_{T2} > 0$，可得 $i_2 < \dfrac{kv - r - kt + k - 1}{1+r}$ (2-8)

由此可以得出，当满足式（2-8）时，博弈双方才会在无限次重复博弈中一直选择贷款、还款的合作策略。由式（2-8）右边对 k 求导，可得 $\dfrac{v-t+1}{1+r} > 0$，因此 k 的提高有利于该条件的实现。当 k=1 时，式（2-8）同情形一中的式（2-4）。

(三) 情形三：还款意愿

在情形一和情形二中，银行都是启动"触发策略"，即只要农户在某一轮的博弈中采取了不合作的违约行为，银行就从下一轮博弈开始选择不贷款的策略，并且该策略在以后被永远执行下去，农户将永久失去贷款机会。

在情形三中，我们假设在情形二的基础上，如果农户在某一轮的博弈中不能归还100%的贷款本息和，只能归还 h（0≤h<1）比例的本息和，那么银行将从下一轮博弈开始将贷款金额降低为原先的 h 比例，以示惩罚。h 可以被称为农户还款意愿，或者贷款金额惩罚系数，在此我们假设两者相等。情形二是情形三中 h=0 的特殊情况。

在情形一和情形二中，农户只要在某一轮不能如期偿还本利和，银行就会彻底停止贷款，终止合作关系。这一条件对于农户来说是较为苛刻的，农户必须保证自己具有持续的现金流来归还贷款，才能持续获得银行贷款。这样"一刀切"的做法在现实中对于贫困减缓也是不利的。情形三的设置，农户如果在某一轮资金周转不过来，只能偿还部分本期贷款的本利和，银行不会直接停止贷款，只是会在以后下调贷款金额，这样就使农户能够进行资金周转，双方合作的可持续性增强。

农户选择永久合作下去的长期收益现值之和 R_{W3}（与 R_{W2} 值相等）为：

$$R_{W3} = \sum_{n=1}^{\infty} \frac{(v-r-t)k^{n-1}}{(1+i)^{n-1}} = (v-r-t) \times \frac{1+i}{1+i-k} \qquad (2-9)$$

假设农户在某一轮 n=T（T≥2）时只能归还 h 比例的本息和，那么银行将在 T+1 及其以后各次博弈中都下调贷款金额为原先的 h 比例，农户此时所得长期收益的现值之和 R_{T3} 为：

$$R_{T3} = \sum_{n=1}^{T-1} \frac{(v-r-t)k^{n-1}}{(1+i)^{n-1}} + \frac{[1+v-t-h(1+r)]k^{T-1}}{(1+i)^{T-1}} + \sum_{n=T+1}^{\infty} \frac{h(v-r-t)k^{n-2}}{(1+i)^{n-1}}$$

$$= (v-r-t) \times \frac{1+i}{1+i-k} \times \left[1 - \left(\frac{k}{1+i}\right)^{T-1}\right] + \frac{(1+v-t-h-hr)k^{T-1}}{(1+i)^{T-1}} + h$$

$$(v-r-t)\frac{\left(\frac{k}{1+i}\right)^{T-1}}{1+i-k} \qquad (2-10)$$

要想农户在重复博弈过程中一直选择遵守约定，就必须要使 $R_{W3} - R_{T3} > 0$，即农户认为遵守约定的收益要大于违反约定的收益。

$$R_{W3}-R_{T3}=\left(\frac{k}{1+i}\right)^{T-1}\left[(v-r-t)\times\frac{1+i}{1+i-k}-(1+v-t-h-hr)-\frac{h(v-r-t)}{1+i-k}\right]$$
$$=\frac{k^{T-1}}{(1+i)^{T-1}}\left[\frac{(1+i-h)(v-r-t)}{1+i-k}-(1+v-t-h-hr)\right] \tag{2-11}$$

令 $R_{W3}-R_{T3}>0$,可得 $i_3<\dfrac{kv-r-kt+k-1+h+2hr-kh-khr-vh+ht}{(1+r)(1-h)}$ (2-12)

由此可以得出,当满足式(2-12)时,博弈双方才会在无限次重复博弈中一直选择贷款、还款的合作策略。由于 $v>r+t$, $k\geqslant 1$ 以及 $0\leqslant h<1$,用式(2-12)右边对 k 求导,可得 $\dfrac{v-t+1-h-hr}{(1+r)(1-h)}=\dfrac{(v-hr-t)+(1-h)}{(1+r)(1-h)}>0$,对 h 求导经过整理可得 $\dfrac{(1+r)(k-1)(v-t-r)}{[(1+r)(1-h)]^2}>0$,因此 k 和 h 的提高都有利于该条件的实现。令 h=0,式(2-12)同情形二中的式(2-8),再令 k=1,则同情形一中的式(2-4)。

(四)结论

(1)要实现小额信贷的可持续发展、农户在重复博弈中一直选择遵守约定,需要一定的条件。长期内提高农户投资平均回报率 v,降低农户申请贷款成本 t 和贷款利率 r,将有助于该条件的实现。同时,在 [1,1+i) 的范围内(i 为贴现率)尽可能地提高贷款金额激励系数 k,以及努力提高农户的还款意愿 h,也将有利于该条件的实现。

(2)情形二和情形三,可以看作农户进行信用积累,银行逐步提高贷款金额,同时农户一旦出现违约即将受到惩罚。由于 $1\leqslant k<1+i$, $0\leqslant h<1$,所以信用积累的过程是缓慢的,而违约的惩罚相比而言是较大的。举一个例子,假设 k=1.05,h=50%,农户完全归还本息和 10 年,之后出现一次只能归还本息和 50%的违约,那么贷款金额将由最初的 1 变为 $1\times 1.05^9\times 50\%=0.7757$,此后需要 6 年完全归还本息和贷款金额才能再次恢复到 1 的水平,因此惩罚的作用还是较为明显的。

(3)情形一假设了一个"苛刻的银行",而情形三假设了一个"仁慈的银行",但在现实生活中,银行可以依据实际情况进行不同的设定。例如,在借款者借款期初使用"触发策略"(情形一),规定借款者如果完成多少个周期的完全还款,就能获得不启动"触发策略"的权力(情形三),以示鼓励。又如,借款者出现多少个周期不能完全还款,那么将重新启动"触发策略"(又回到情形一),之后一旦违约将永久停止贷款,以示惩罚。

第三章
国际及国内视野下的我国普惠金融发展状况

本章从两个层面构建普惠金融评价体系，考察我国普惠金融的发展状况。一是在国际视野下，明确我国在国际上普惠金融发展状况的排名情况；二是基于国内的具体情况，考察我国2005~2013年普惠金融发展的年度指数。

构建普惠金融评价体系，采用主成分分析方法和全局主成分分析方法，两种分析方法有不同的适用对象。主成分分析是一种对高维数据进行降维处理的统计方法。它通过变换原始变量相关矩阵的内部结构，将众多的原始变量转变为少数独立的主成分，然后以每个主成分对总方差的贡献率为权数，加权计算出综合评价函数。主成分分析是客观赋权法中的一种，克服了主观赋值的盲目性问题。

主成分分析主要适用于平面数据列表。当数据除了具有截面维度和时间维度外，还具有指标维度，即数据是一张三维的时序立体数据表时，就需要使用全局主成分分析。因为，如果不使用全局主成分分析，而是对每张数据表分别进行主成分分析的话，那么每张数据表将产生不同的主超平面，就无法保证全局分析结果的统一性和可比性。

使用全局主成分分析方法，要建立时序立体数据表，即把数据表序列按照时间的顺序排放，然后对该时序立体数据表进行主成分分析，就可以得到整个系统统一的主成分子空间，这样得出的各个主成分对应数据变异最大的方向，而且得出的各个主成分对应原始变量的最佳综合，在公共子空间上样本点的相似性改变最小。这样得出的分析结果即具有统一性和可比性。

第一节 国际视野下的我国普惠金融发展情况

以下笔者根据数据的可得性分别进行两个实证研究。第一个实证研究是尽可能地选取较多年份，根据数据情况确定为2008~2013年，然后选出拥有可计算数据的国家与地区为37个，计算出其2008~2013年的普惠金融指数并进行排名，分析我国在这期间排名的变化以及排名前和排名后的国家特征。第二个实证研究是为了构建更为细致的普惠金融评价体系，尽可能地选取较多的评价指标，年份确定为2013年，拥有可计算数据的国家与地区为28个，计算出其2013年的普惠金融指数并进行排名。两个实证研究构建的评价体系不同，第一个计算年份长，可观察各个国家的变化；第二个评价指标多，可更为细致地考察各个国家普惠金融的发展情况。

一、实证研究一：基于全局主成分分析

笔者利用国际货币基金组织开展的"金融接触调查"（FAS）公布的数据展开研究。FAS数据库是全球唯一的、提供国际间可比的普惠金融指标的数据库，它包含全球189个管辖区域的年度资料，包括所有G20经济体，涵盖2004~2013年一共十年的数据，共计40000多个时间序列。考虑指标的可比性与数据的可得性，笔者最终选取"商业银行存款/GDP""商业银行贷款/GDP""每十万人拥有的ATM数""每一千平方公里的ATM数""商业银行中小企业贷款占商业银行贷款的比重"五个指标，均为普惠金融指数的正向指标，时间段为2008~2013年，共计37个国家与地区。

其中，"商业银行存款/GDP"和"商业银行贷款/GDP"代表一国商业银行存款和贷款业务的普惠情况；"商业银行中小企业贷款占商业银行贷款的比重"是由"商业银行中小企业贷款/GDP"除以"商业银行贷款/GDP"计算得出，代表一国商业银行贷款对中小企业的普惠程度；"每十万人拥有的ATM数"和"每一千平方公里的ATM数"分别代表地理维度和人口维度上的ATM的普惠程度，衡量的是居民使用ATM的交通成本和排队成本（ATM数越多，交通成本和排队成本越低）。ATM包含存取款、转账等基本金融业务，代表了电子化金融服务渠道，可以满足人们对金融服务时效性的要求，特别对于农村地区来说可以弥补物理网点不足造成的金融服务缺失问题，对于普惠金融体系的发展具有重要作用。

笔者将37个国家与地区的相应指标按时间顺序依次排列，建立时序立体数据表，运用软件Stata12.0进行全局主成分分析。首先检验数据的有效性，笔者选取KMO检验。KMO（Kaiser-Meyer-Olkin）检验用于比较变量间的简单相关系数和偏相关系数，其取值在0~1。KMO值越接近于0，意味着变量间的相关性越弱，原有变量越不适合做因子分析；KMO值越接近于1，意味着变量间的相关性越强，原有变量越适合做因子分析。当KMO的值小于0.5时，较不适宜进行因子分析。当选取上述五个指标进行计算时，KMO值为

0.4345，通不过检验，其中"每一千平方公里的 ATM 数"的 KMO 值最低，将其舍弃，之后使用四个指标进行计算，KMO 值为 0.5803，可以进行主成分分析。

其次，进行全局主成分分析，提取主成分，得到其贡献率、特征值及特征向量（见表 3-1）。由表 3-1 可以得出，选取三个主成分是适当的，其累积贡献率超过了 80%，基本上保留了原始指标的信息。

表 3-1 主成分提取分析（一）

主成分	第一主成分	第二主成分	第三主成分
贡献率	0.4411	0.2586	0.2501
累积贡献率	0.4411	0.6996	0.9498
特征值	1.7643	1.0343	1.0005

然而，笔者发现运用不同的统计软件，得出来的主成分对应的特征向量存在正负号的不同，这在以往的文献中也有学者提到（阎慈琳，1998）。由相关系数矩阵计算出来的特征向量的每一列的正负号，我们都需要进行相应的判断，否则正负号差异会对主成分得分造成严重的影响。判断的依据是主成分载荷矩阵及具体的专业知识。表 3-2 显示了主成分因子载荷矩阵，反映各个主成分与原始各变量之间的相关性。由于原始指标均是正向指标，所以只要主成分最大载荷的系数为正，就说明主成分特征向量的符号是恰当的。

表 3-2 主成分因子载荷矩阵（一）

主成分	第一主成分	第二主成分	第三主成分
商业银行存款/GDP	0.7527	-0.1063	-0.0093
商业银行贷款/GDP	0.6583	0.1338	0.0116
每十万人拥有的 ATM 数	-0.0082	0.9853	-0.0013
商业银行中小企业贷款占商业银行贷款的比重	-0.0007	-0.0012	0.9999

在表 3-2 中，第一主成分载荷 0.7527 和 0.6583 分别对应"商业银行存款/GDP"和"商业银行贷款/GDP"；第二主成分主要对应"每十万人拥有的 ATM 数"，其载荷 0.9853 的符号为正；第三主成分主要对应"商业银行中小企业贷款占商业银行贷款的比重"，其对应的载荷 0.9999 符号为正（以上在表 3-2 中以阴影方式突出显示）。由此说明，三个主成分特征向量的符号是恰

当的，并且第一主成分主要代表原始指标中的存贷款的数量，第二主成分主要代表原始指标中的人口维度的 ATM 数量，第三主成分主要代表了原始指标中中小企业贷款占比。

判断完特征向量的正负号问题之后，我们就可以计算出各个主成分的得分，并根据各个主成分的贡献率（见表 3-1），加权计算出 37 个国家与地区 2008~2013 年的最后综合得分并进行排名，2013 年的排名顺序如表 3-3 所示。

表 3-3 2008~2013 年 37 个国家与地区普惠金融指数排名

国家与地区	2008 年	2009 年	2010 年	2011 年	2012 年	2013 年
瑞士	1	1	1	1	1	1
韩国	2	2	2	2	2	2
中国	4	3	3	3	3	3
中国澳门	3	4	6	6	5	4
马来西亚	6	5	4	4	4	5
比利时	5	6	5	5	6	6
泰国	7	8	8	7	7	7
摩洛哥	11	10	10	9	8	8
土耳其	20	20	19	16	15	9
波斯尼亚和黑塞哥维那	12	11	11	11	10	10
科索沃	10	9	9	10	9	11
捷克共和国	14	13	13	12	13	12
拉脱维亚	8	7	7	8	11	13
俄罗斯	23	21	15	14	12	14
马其顿	15	15	12	13	14	15
智利	17	18	21	18	16	16
密克罗尼西亚	18	19	20	20	18	17
蒙古国	31	31	30	23	23	18
孟加拉国	29	27	22	22	21	19
匈牙利	16	17	18	15	19	20
印度	25	25	24	24	24	21

续表

国家与地区	2008 年	2009 年	2010 年	2011 年	2012 年	2013 年
安哥拉	19	14	16	17	17	22
汤加	9	12	14	21	22	23
委内瑞拉	36	35	35	34	32	24
斐济	27	24	25	27	26	25
纳米比亚	30	28	27	26	28	26
墨西哥	22	22	23	25	25	27
萨尔瓦多	13	16	17	19	20	28
西岸地区和加沙地带	26	23	26	28	27	29
格鲁吉亚	24	29	29	29	29	30
埃及	21	26	28	30	30	31
哥伦比亚	32	33	32	32	33	32
乌兹别克斯坦	34	34	33	33	34	33
布隆迪	28	30	31	31	31	34
尼日利亚	33	32	36	36	36	35
马达加斯加	35	36	34	35	35	36
伊拉克	37	37	37	37	37	37

从表 3-3 可见，2008~2013 年，我国在 37 个国家中的排名由第四位上升并保持在第三位，瑞士和韩国这两个国家的普惠金融排名都是领先于中国的，中国澳门的排名先优于后劣于中国，马来西亚、比利时和泰国的排名略低于中国。原先排名靠后的国家中的土耳其、俄罗斯、蒙古国、孟加拉国、委内瑞拉排名上升较快，原先排名靠前的国家中的埃及、萨尔瓦多、汤加排名下降较多。

表 3-4 显示了我国 2008~2012 年三个主成分的得分及综合得分。可以看出：①我国普惠金融的综合得分是逐年上升的，由 2008 年的 0.79 上升到 2013 年的 1.71；②第一主成分代表的商业银行存款和贷款占 GDP 的比例，得分较高，总体上呈上升状态；③第二主成分主要代表的人口维度的 ATM 数，为我国的主要不足之处，其数值一直为负值，但也呈现上升状态；④第三主成分主要代表了中小企业贷款占比，其得分也是逐年上升的。

表 3-4　2008~2013 年我国普惠金融发展情况

年份	2008	2009	2010	2011	2012	2013
第一主成分得分	1.94	2.83	2.88	2.69	2.87	3.49
第二主成分得分	-0.69	-0.61	-0.52	-0.41	-0.27	-0.10
第三主成分得分	0.45	0.40	0.51	0.68	0.79	0.79
综合得分	0.79	1.19	1.27	1.25	1.39	1.71

为了佐证以上的分析，表 3-5 列出了瑞士、韩国、中国、中国澳门以及孟加拉国五个国家与地区的原始数据，可以看出，瑞士的存款及贷款与 GDP 的比例都是最高的，特别是贷款的数值明显高于其他国家；韩国人口维度上的 ATM 数量相当大，而且其中小企业贷款占比也较高；中国澳门人口维度的 ATM 数量高于中国；孟加拉国则各个指标都低于中国（相关数据以阴影方式突出显示）。

表 3-5　2008~2013 年部分国家与地区的原始数据

国家与地区	年份	商业银行存款/GDP（%）	商业银行贷款/GDP（%）	每十万人拥有的 ATM 数（个）	商业银行中小企业贷款占商业银行贷款的比重
瑞士	2008	133.12	153.38	94.14	0.31
	2009	141.17	162.84	94.89	0.29
	2010	141.36	160.31	95.98	0.28
	2011	142.45	162.56	98.90	0.27
	2012	152.25	168.73	99.19	0.28
	2013	177.24	176.63	100.08	0.28
韩国	2008	65.78	89.35	242.79	0.46
	2009	70.54	89.53	248.15	0.46
	2010	74.48	84.14	266.60	0.44
	2011	76.74	86.08	282.49	0.43
	2012	77.82	86.43	290.03	0.42
	2013	79.35	90.75	304.66	0.42

续表

国家与地区	年份	商业银行存款/GDP（%）	商业银行贷款/GDP（%）	每十万人拥有的ATM数（个）	商业银行中小企业贷款占商业银行贷款的比重
中国	2008	116.76	72.23	15.55	0.34
	2009	139.22	89.26	19.77	0.33
	2010	140.90	90.09	24.76	0.35
	2011	135.58	86.71	30.29	0.38
	2012	140.27	90.21	37.51	0.40
	2013	156.62	101.38	46.94	0.40
中国澳门	2008	111.24	54.97	112.90	0.22
	2009	121.63	59.19	129.97	0.21
	2010	104.54	57.42	138.24	0.19
	2011	98.64	56.76	152.13	0.20
	2012	105.31	56.94	178.76	0.16
	2013	124.09	73.82	221.21	0.16
孟加拉国	2008	47.81	38.22	0.83	0.11
	2009	50.84	39.61	1.27	0.13
	2010	53.86	44.92	2.08	0.17
	2011	57.35	47.64	3.64	0.25
	2012	59.81	48.16	5.03	0.25
	2013	68.85	49.81	6.33	0.25

资料来源："金融接触调查"（FAS）数据库。

二、实证研究二：基于主成分分析

为了构建更为细致的普惠金融评价体系，尽可能地选取较多的评价指标，笔者把年份确定为2013年，从数据的可获得性出发，采用的指标如表3-6所示，分为"服务范围"和"使用情况"两个维度，共计11个指标，阴影部分为实证一的四个指标，其余为新增的指标。"服务范围"分别从地理和人口维度衡量了商业银行分支机构、ATM机和保险公司数量；"使用情况"一方面从微观角度考察一千个成年人中向商业银行借款的数量及贷款账户数量，另一方面从宏观角度考察商业银行存款和贷款占GDP的比重，以及中小企业贷款占比情况（见表 3-6）。以上指标皆为普惠金融的正向指标。经筛选，拥有可计算数据的国家与地区为 28 个。

表 3-6 国际视野下普惠金融评价体系维度及指标

维度	指标
服务范围	每一千平方公里的商业银行分支机构数量
	每十万人拥有的商业银行分支机构数量
	每一千平方公里的 ATM 数
	每十万人拥有的 ATM 数
	每一千平方公里的保险公司数量
	每十万人拥有的保险公司数量
使用情况	每一千个成年人中商业银行借款者数量
	每一千个成年人中商业银行贷款账户数量
	商业银行存款/GDP
	商业银行贷款/GDP
	商业银行中小企业贷款占商业银行贷款的比重

与实证一的评价指标相比，新的评价指标主要增加了多个"服务范围"维度的指标，同时金融服务的使用情况维度也增加了微观视角的指标。

研究方法为主成分分析，分析过程与实证研究一类似，以下简要列出实证结果。首先，检验数据的有效性，KMO 检验为 0.5255，可以进行主成分分析。其次，由表 3-7 可以看出提取四个主成分是合适的，累积贡献率超过了 80%。再次，由表 3-8 主成分因子载荷矩阵可以看出，三个主成分特征向量的符号是恰当的，并且第一主成分主要代表原始指标中的人口维度上的 ATM 数，以及微观方面的金融服务使用情况；第二主成分主要代表原始指标中地理维度的商业银行分支机构和 ATM 数，以及存款占 GDP 的比例；第三主成分主要代表原始指标中的地理和人口维度上的保险公司数量；第四主成分主要代表人口维度上的商业银行分支机构数量（四个主成分所代表指标的相关载荷以阴影方式突出显示）。

表 3-7　主成分提取分析（二）

主成分	第一主成分	第二主成分	第三主成分	第四主成分
贡献率	0.2881	0.2591	0.1625	0.1082
累积贡献率	0.2881	0.5471	0.7097	0.8179
特征值	3.1689	2.8497	1.7879	1.1907

表 3-8　主成分因子载荷矩阵（二）

指标	第一主成分	第二主成分	第三主成分	第四主成分
每一千平方公里的商业银行分支机构数量	-0.0906	0.6058	-0.0158	0.1303
每十万人拥有的商业银行分支机构数量	-0.0168	0.1256	-0.0136	0.7765
每一千平方公里的 ATM 数	-0.0003	0.5724	-0.0152	0.0303
每十万人拥有的 ATM 数	0.5111	-0.0486	0.0691	0.0133
每一千平方公里的保险公司数量	-0.0508	0.2000	0.6346	-0.0009
每十万人拥有的保险公司数量	0.0297	-0.1254	0.7631	-0.0026
每一千个成年人中商业银行借款者数量	0.5366	-0.0647	-0.0034	0.0513
每一千个成年人中商业银行贷款账户数量	0.5265	-0.0106	-0.0692	0.0170
商业银行存款/GDP	0.1954	0.3793	-0.0411	-0.1635
商业银行贷款/GDP	0.3415	0.2254	0.0495	-0.1013
商业银行中小企业贷款占商业银行贷款的比重	-0.0827	0.1803	-0.0246	-0.5823

最后，计算各个国家与地区的综合得分并进行排名，结果如表 3-9 所示。从表 3-9 可以看出，在新的评价体系之下，2013 年我国在 28 个国家与地区当中排名第七，马耳他、比利时、土耳其、马来西亚、萨摩亚群岛、希腊这六个国家及地区的普惠金融排名都是领先于我国的，孟加拉国、印度尼西亚等国家虽然是全球具知名度的普惠金融实践探索的国家，但是其普惠金融程度仍然较为落后。具体从主成分的得分来看，我国第一、第二主成分的得分略高，第三、第四主成分得分都是负值，特别是第四个主成分得分较低。各个主成分得分较高的国家与地区以阴影方式突出显示。

表 3-9　2013 年 28 个国家与地区普惠金融指数排名

国家与地区	第一主成分	第二主成分	第三主成分	第四主成分	综合得分	排名
马耳他	1.53	7.62	1.66	0.19	2.70	1

续表

国家与地区	第一主成分	第二主成分	第三主成分	第四主成分	综合得分	排名
比利时	3.55	2.24	-0.02	0.47	1.65	2
土耳其	3.43	-0.31	-0.55	0.02	0.82	3
马来西亚	2.04	0.59	-0.39	-0.48	0.63	4
萨摩亚群岛	-1.33	-0.05	6.31	-0.43	0.58	5
希腊	1.75	0.38	-0.24	0.12	0.58	6
中国	1.81	1.22	-0.62	-1.54	0.57	7
泰国	1.50	0.51	-0.26	-0.92	0.42	8
哥伦比亚	-0.63	-0.13	-0.48	4.24	0.17	9
智利	1.13	-0.66	-0.28	0.37	0.15	10
匈牙利	1.24	-0.60	-0.33	-0.16	0.13	11
格鲁吉亚	0.87	-0.89	-0.37	0.62	0.03	12
纳米比亚	0.02	-1.24	1.32	0.60	-0.04	13
拉脱维亚	0.64	-0.47	-0.29	-0.56	-0.04	14
马其顿	0.29	-0.20	-0.29	-0.33	-0.05	15
委内瑞拉	0.35	-0.66	-0.46	0.55	-0.08	16
波斯尼亚和黑塞哥维那	-0.02	-0.04	-0.33	-0.68	-0.14	17
秘鲁	-1.13	-0.49	-0.48	1.82	-0.33	18
阿根廷	-0.08	-1.22	-0.32	0.20	-0.37	19
斐济	-0.89	-0.69	-0.10	0.25	-0.43	20
墨西哥	-0.53	-0.80	-0.50	-0.70	-0.52	21
印度尼西亚	-0.96	-0.66	-0.41	-0.02	-0.52	22
孟加拉国	-1.87	0.38	-0.48	-0.47	-0.57	23
科索沃	-2.06	0.25	-0.26	-1.65	-0.75	24
津巴布韦	-2.31	-1.11	-0.33	0.19	-0.99	25
马拉维	-2.41	-0.85	-0.47	-0.15	-1.01	26
缅甸	-2.95	-0.94	-0.54	-0.93	-1.28	27
几内亚	-2.97	-1.18	-0.49	-0.59	-1.30	28

观察原始数据，第四主成分主要对应"每十万人拥有的商业银行分支机

构数量"，我国在 28 个国家与地区中排名第 24；第三主成分主要代表地理和人口维度上的保险公司数量，我国在 28 个国家与地区中分别排名第 26 和第 27。表 3-10 列出了部分国家及地区的原始数据，以供比较，可以看出，我国在服务范围维度的指标基本都是处于绝对弱势的，金融服务使用情况维度的指标相对较好。表 3-10 中阴影部分为表 3-9 中阴影部分的主成分对应的原始变量。

表 3-10　2013 年部分国家与地区的原始数据

国家与地区	马耳他	比利时	土耳其	萨摩亚群岛	中国大陆	哥伦比亚	印度尼西亚	孟加拉国
每一千平方公里的商业银行分支机构数量（个）	431.25	126.88	14.31	9.54	9.32	45.45	9.76	67.59
每十万人拥有的商业银行分支机构数量（个）	38.80	41.48	20.11	23.01	7.85	146.85	10.40	8.19
每一千平方公里的 ATM 数（个）	668.75	287.35	52.12	14.84	55.75	12.33	39.79	52.22
每十万人拥有的 ATM 数（个）	60.16	93.95	73.25	35.79	46.94	39.84	42.40	6.33
每一千平方公里的保险公司数量（个）	28.13	4.26	0.08	45.00	0.02	0.04	0.08	0.51
每十万人拥有的保险公司数量（个）	2.13	1.15	0.08	16.31	0.01	0.09	0.06	0.04
每一千个成年人中商业银行借款者数量（个）	402.94	675.02	788.17	104.02	289.77	174.59	138.02	68.66
每一千个成年人中商业银行贷款账户数量（个）	674.70	1238.04	1386.07	107.15	961.38	419.34	213.69	71.69
商业银行存款/GDP（%）	154.28	103.92	62.43	45.75	156.62	38.86	40.33	68.85
商业银行贷款/GDP（%）	117.59	81.07	66.33	50.75	101.38	39.57	36.25	49.81
商业银行中小企业贷款占商业银行贷款的比重	0.36	0.28	0.25	0.35	0.40	0.30	0.18	0.25

资料来源："金融接触调查"（FAS）数据库。

综上所述，新的普惠金融评价体系，增添了多个"服务范围"维度的指标，而我国的这些指标都处于弱势，使我国 2013 年在 28 个国家及地区中的排名仅为第七，特别是我国人口维度上的商业银行分支机构数量、地理和人口维度上的保险公司数量都处于相当落后的水平。

三、研究结论

本节利用国际货币基金组织（IFM）开展的"金融接触调查"（FAS）公布的数据，构建普惠金融评价体系。实证一尽量选取较长年份，对 37 个国家与地区 2008~2013 年的普惠金融指数进行计算与排名；实证二尽可能地选取较多评价指标，对 28 个国家与地区 2013 年的普惠金融指数进行计算与排名。最终得出结论：总体上看，我国的普惠金融指数在样本中处于前列，我国普惠金融的主要不足之处在于服务范围方面，特别是人口维度的 ATM 数量、人口维度的商业银行分支机构数量，以及地理和人口维度上的保险公司数量较少。该问题大部分可以归因于我国的地域广阔和人口众多，同时我国保险市场较为落后，有待发展。基于该研究结论，我国一方面要加强基础设施和电子化金融服务渠道建设，除了文中提及的商业银行分支机构和 ATM，还包括支付、征信等方面；另一方面要加大保险市场的发展力度，充分发挥保险的保障作用。

第二节 我国普惠金融发展的年度指数

一、普惠金融指数的构建

本节计算 2005~2013 年我国普惠金融的年度指数。选取 2005 年为起点，一方面是由于"普惠金融"的概念是 2005 年提出的，另一方面是由于指数涉及的指标较多，需要考虑数据的可得性。

普惠金融的评价体系，根据普通民众的金融需求分为三个维度：存贷款（包含取款）、保险、支付转账。这里需要说明的是，根据我国的实际情况及普惠金融的宗旨，本书并没有选取证券类金融服务的相关指标，一方面由于证券类金融服务在我国的真实需求和普及程度还不高，另一方面普惠金融所强调的贫困和低收入人口对证券类金融服务的需求甚小,其金融需求还是集中在存取款、贷款、保险、支付、转账等基本业务上。

本节各维度包含的指标如表3-11所示,所有指标皆为普惠金融体系的正向指标。由于研究对象是我国,地理面积是固定的,但存在着人口增长,所以指标主要考察的是人口维度,而没有考察地理维度。以下首先对三个维度一一进行分析,再计算出我国普惠金融的年度指数。

表3-11 2005~2013年我国普惠金融评价体系维度、指标及数据

维度	指标	2005年	2006年	2007年	2008年	2009年	2010年	2011年	2012年	2013年
存贷款(包含取款)	金融机构存款/GDP	1.55	1.55	1.46	1.48	1.75	1.79	1.71	1.77	1.84
	金融机构贷款/GDP	1.05	1.04	0.98	0.97	1.17	1.19	1.16	1.21	1.26
	每万人拥有的银行业机构个数(个)	1.56	1.47	1.47	1.41	1.41	1.45	1.49	1.49	1.54
	每万人拥有的银行业从业人员(人)	19.90	19.98	20.23	20.61	21.51	22.93	23.71	24.95	26.20
	每万人拥有的ATM个数(个)	0.66	0.78	0.97	1.26	1.61	2.02	2.48	3.07	3.82
	每人拥有的现金卡发卡量(张)	0.70	0.82	1.07	1.25	1.41	1.63	1.98	2.37	2.81
	每人拥有的信用卡发卡量(张)	0.03	0.04	0.07	0.11	0.14	0.17	0.21	0.24	0.29
保险	每亿人拥有的保险系统机构数(个)	7.11	8.14	9.08	9.79	10.34	10.59	11.28	12.11	12.79
	每万人拥有的保险系统职工人数(人)	2.80	3.30	3.79	4.51	4.73	5.11	5.76	6.25	6.11
	保险深度(%)	2.66	2.61	2.65	3.12	3.27	3.62	3.03	2.98	3.03
	保险密度(元)	376.83	429.18	532.49	736.74	834.57	1083.44	1064.26	1143.83	1265.67
	城镇每万人参加养老保险人数(人)	1337.45	1427.66	1524.03	1648.40	1764.70	1917.15	2107.20	2247.11	2367.28
	城镇基本医疗保险每万人参保人数(人)	1054.09	1196.82	1688.61	2396.18	3008.39	3226.38	3513.79	3961.57	4194.32

续表

维度	指标	2005 年	2006 年	2007 年	2008 年	2009 年	2010 年	2011 年	2012 年	2013 年
支付转账	每万人拥有的POS机数（个）	3.11	6.22	8.93	13.89	18.05	24.86	35.82	52.57	78.14
	每万人拥有的联网商户数（户）	6.10	3.97	5.60	8.90	11.74	16.28	23.60	35.69	56.11
	银行卡平均消费金额（万元）	0.10	0.17	0.20	0.22	0.33	0.43	0.52	0.59	0.76
	银行卡平均转账金额（万元）	1.17	1.87	2.86	3.19	4.23	5.82	6.64	5.84	6.03
	支付宝用户规模占总人口比重	0.01	0.03	0.05	0.10	0.21	0.41	0.46	0.61	0.69

资料来源：《中国统计年鉴》、中国人民银行、人力资源和社会保障部、《2014中国普惠金融实践报告》。

二、实证结果分析

（一）存贷款维度

"存贷款"维度包括的变量有：金融机构存款/GDP、金融机构贷款/GDP、每万人拥有的银行业机构个数、每万人拥有的银行业从业人员、每万人拥有的ATM个数、每人拥有的现金卡发卡量、每人拥有的信用卡发卡量七个指标。其中，"金融机构存款/GDP"和"金融机构贷款/GDP"代表金融机构存款和贷款业务的普惠程度；"每万人拥有的银行业机构个数"和"每万人拥有的银行业从业人员"代表人口维度上银行业机构网点和从业人员的普惠情况，每万人拥有的银行业机构个数和从业人员越多，说明居民享有的银行业服务越便利和细致；"每万人拥有的ATM个数"代表人口维度上的ATM（包含存取款、转账等基本金融业务）的普惠程度，衡量的是居民使用ATM的交通成本和排队成本，ATM数越多，交通成本和排队成本越低；"每人拥有的现金卡发卡量"和"每人拥有的信用卡发卡量"代表的是每个居民平均持有现金卡和信用卡的数量，这和居民对现金卡、信用卡的使用情况也是息息相关的。

首先，检验数据的有效性，KMO检验为0.5486，可以进行主成分分析；其次，由表3-12可以看出，提取一个主成分即为合适的，其累积贡献率超过了80%；再次，由于选取的指标皆为正向指标，由表3-13主成分因子载荷矩阵可以看出，主成分特征向量的符号是恰当的；最后，计算我国2005~2013年普惠金融之存贷款维度的发展情况，结果如表3-14所示。可以看出，2005~2013年，我国普惠金融的存贷款维度指数总体上呈现明显的上升趋势，但在2006年和2007年出现了略微下降的情况，这主要归因于"金融机构存款/GDP""金融机构贷款/GDP"及"每万人拥有的银行业机构个数"在2006年和2007年出现了下降的情况。2006年和2007年，存贷款的增速比往年略低，GDP的增速比往年略高，所以导致了前两个指标的下降；银行业机构个数出现下降的情况，我国农村合作金融机构及信用社机构数都出现了减少，这是由于"入世"过渡期结束，随着中国银行业全面对外开放，金融市场竞争加剧，部分银行业金融机构在竞争中失败，出现清偿性风险并引发经营危机从而退出市场。

表3-12 主成分提取分析（三）

主成分	贡献率	累积贡献率	特征值	特征向量						
第一主成分	0.8003	0.8003	5.6023	0.3852	0.3940	0.1086	0.4182	0.4152	0.4098	0.4117

表3-13 主成分因子载荷矩阵（三）

指标	金融机构存款/GDP	金融机构贷款/GDP	每万人拥有的银行业机构个数	每万人拥有的银行业从业人员	每万人拥有的ATM个数	每人拥有的现金卡发卡量	每人拥有的信用卡发卡量
第一主成分	0.3852	0.3940	0.1086	0.4182	0.4152	0.4098	0.4117

表3-14 2005~2013年我国普惠金融之存贷款维度发展情况

年份	2005	2006	2007	2008	2009	2010	2011	2012	2013
综合得分	-1.7658	-1.8312	-1.8671	-1.6198	-0.0019	0.7507	1.1002	2.0478	3.1870

（二）保险维度

"保险"维度包括的变量有：每万人拥有的保险系统机构数、每万人拥有的保险系统职工人数、保险深度、保险密度、城镇每万人参加养老保险人数、城镇基本医疗保险每万人参保人数。"每万人拥有的保险系统机构数"和"每万人拥有的保险系统职工人数"代表人口维度上保险业机构网点和从业人员的普惠情况，每万人拥有的保险业机构个数和从业人员越多，说明居民享有的保险业服务越便利和细致；"保险深度"是保费收入与GDP的比值；"保险密度"是人均保险费额，通常用这两个指标衡量保险市场的成熟程度；"城镇每万人参加养老保险人数"和"城镇基本医疗保险每万人参保人数"代表主要的社会保险的覆盖程度，参保人数越多，说明越多的民众享受到了社会保障，社会保障对低收入人群的效用和帮助更大，是普惠金融的重要组成部分。

首先，检验数据的有效性，KMO检验为0.6436，适合进行主成分分析；其次，由表3-15可以看出，提取一个主成分即为合适的，其累积贡献率超过了80%；再次，由于选取的指标皆为正向指标，由表3-16主成分因子载荷矩阵可以看出，主成分特征向量的符号是恰当的；最后，计算我国2005~2013年普惠金融之保险维度的发展情况，结果如表3-17所示。可以看出，2005~2013年，我国普惠金融的保险维度指数呈现明显的上升趋势，保险维度各项正向指标都在逐渐递增，我国的普惠金融在保险维度取得的进展较为明显。

表3-15 主成分提取分析（四）

主成分	贡献率	累积贡献率	特征值	特征向量					
第一主成分	0.8826	0.8826	5.2956	0.4261	0.4286	0.2848	0.4326	0.4231	0.4330

表3-16 主成分因子载荷矩阵（四）

指标	每万人拥有的保险系统机构数	每万人拥有的保险系统职工人数	保险深度	保险密度	城镇每万人参加养老保险人数	城镇基本医疗保险每万人参保人数
第一主成分	0.4261	0.4286	0.2848	0.4326	0.4231	0.4330

表3-17 2005~2013年我国普惠金融之保险维度发展情况

年份	2005	2006	2007	2008	2009	2010	2011	2012	2013
综合得分	-3.0064	-2.4860	-1.7352	-0.4135	0.3125	1.2665	1.4216	2.0854	2.5552

(三) 支付转账维度

"支付转账"维度包括的变量有：每万人拥有的 POS 机数、每万人拥有的联网商户数、银行卡平均消费金额、银行卡平均转账金额、支付宝用户规模占总人口比重。"每万人拥有的 POS 机数"和"每万人拥有的联网商户数"代表了居民在联网商户使用银行卡在 POS 机上进行支付的方便程度；"银行卡平均消费金额"和"银行卡平均转账金额"反映了平均每张银行卡对消费和转账功能的使用程度；"支付宝用户规模占总人口比重"则是反映了互联网时代第三方支付的兴起，这对人们的支付习惯有着较大的改变，也让人们享受到了互联网时代方便快捷的金融服务。

首先，检验数据的有效性，KMO 检验为 0.7916，适合进行主成分分析；其次，由表 3-18 可以看出，提取一个主成分即为合适的，其累积贡献率超过了 80%；再次，由于选取的指标皆为正向指标，由表 3-19 主成分因子载荷矩阵可以看出，主成分特征向量的符号是恰当的；最后，计算我国 2005～2013 年普惠金融之转账支付维度的发展情况，结果如表 3-20 所示。可以看出，2005～2013 年，我国普惠金融的支付转账维度指数呈现明显的上升趋势，各项正向指标都在逐渐增长，转账支付服务得到了较好的使用，普惠效果正在逐渐增强。

表 3-18 主成分提取分析（五）

主成分	贡献率	累积贡献率	特征值	特征向量			
第一主成分	0.9303	0.9303	4.6513	0.4525	0.4438	0.4629	0.4160	0.4593

表 3-19 主成分因子载荷矩阵（五）

指标	每万人拥有的 POS 机数	每万人拥有的联网商户数	银行卡平均消费金额	银行卡平均转账金额	支付宝用户规模占总人口比重
第一主成分	0.4525	0.4438	0.4629	0.4160	0.4593

表 3-20 2005~2013 年我国普惠金融之支付转账维度发展情况

年份	2005	2006	2007	2008	2009	2010	2011	2012	2013
综合得分	-2.2584	-1.9593	-1.5776	-1.2356	-0.4994	0.5592	1.3258	2.1175	3.5278

(四) 普惠金融指数

在计算出三个维度的得分之后,笔者再次进行主成分分析(中间步骤同上,故略去),即得出我国普惠金融的年度指数,如表3-21所示。我国普惠金融的年度指数在2005~2013年都呈现逐渐上升的态势,综合得分从-1.9777上升到2.6330。

表3-21　2005~2013年我国普惠金融总体指数

年份	2005	2006	2007	2008	2009	2010	2011	2012	2013
综合得分	-1.9777	-1.7712	-1.4700	-0.9404	-0.0558	0.7249	1.0863	1.7708	2.6330

此处由三个维度的指数得分计算出总体指数的得分,有多种计算方法:主观赋权法主要由专家根据经验进行主观判断而得到权数,包括层次分析法、模糊评价法、德尔菲法等;客观赋权法是依据指标之间的相关系数或变异系数等来确定权数,包括主成分分析法、熵值法、灰色关联度分析法等。在具体的研究中,可以根据研究目的和评价对象的性质,选择使用其中的某一种或多种方法。

此处,笔者对普惠金融年度指数进行计算,主要是想做一个指标构建的展示,计算结果并没有在下文中运用,并且三个维度的得分在2005~2013年基本都呈现上升趋势,各个方法得出的结果差异性不会大,因此笔者仍然运用主成分分析法计算出了我国2005~2013年普惠金融的总体指数。

三、研究结论

本节主要从人口维度,计算2005~2013年我国普惠金融的年度指数。根据普通民众的金融需求,普惠金融指数具体分为三个维度:存贷款(包含取款)、保险、支付转账,在各个维度之下设置相应的指标进行普惠金融的评价。总体而言,我国的普惠金融在2005~2013年得到了较好的发展,除了存贷款维度在2006年和2007年略有下降,其余皆呈现出上升的态势,说明近些年我国金融体系的普惠程度是逐渐提升的。

第四章
我国各省份普惠金融的发展及其影响因素研究

在第三章考察我国普惠金融的发展状况之后，本章对我国31个省份2013年普惠金融的发展情况进行测度，并研究影响普惠金融体系的因素，以便为后文提出如何发展普惠金融的政策建议打下基础。

第一节 我国各省份普惠金融发展的测度

一、普惠金融指数的构建

本节计算2013年我国31个省份（不包括港澳台地区）的普惠金融指数。一方面，计算31个省份的普惠金融指数是为了揭示普惠金融在我国各省间发展的差异性；另一方面，只选取2013年的数据是为了尽可能地选取相关指标，把普惠金融指数刻画得更加详细，这也是未来普惠金融评价体系的发展方向。

根据数据的可获得性，从金融主体的角度，分省的普惠金融的评价体系分为四个维度：宏观、银行、新型金融机构、保险。同样，体系中还是没有包括证券类的金融服务。各维度包含的指标如表4-1所示，所有指标皆为普惠金融体系的正向指标。其中，村镇银行的数据来源于中国银行业监督管理委员会的金融许可证信息之机构持有列表，其余数据来源于中国人民银行、国家统计局、各省份统计年鉴以及人力资源和社会保障部。由于研究对象是我国31个省份，存在人口和地理面积的差异，部分指标既需要考察人口维度，又需要考察地理维度。以下，首先对所有指标进行分析，计算出我国31个省份的普惠金融发展指数；其次对划分的四个维度一一进行分析。

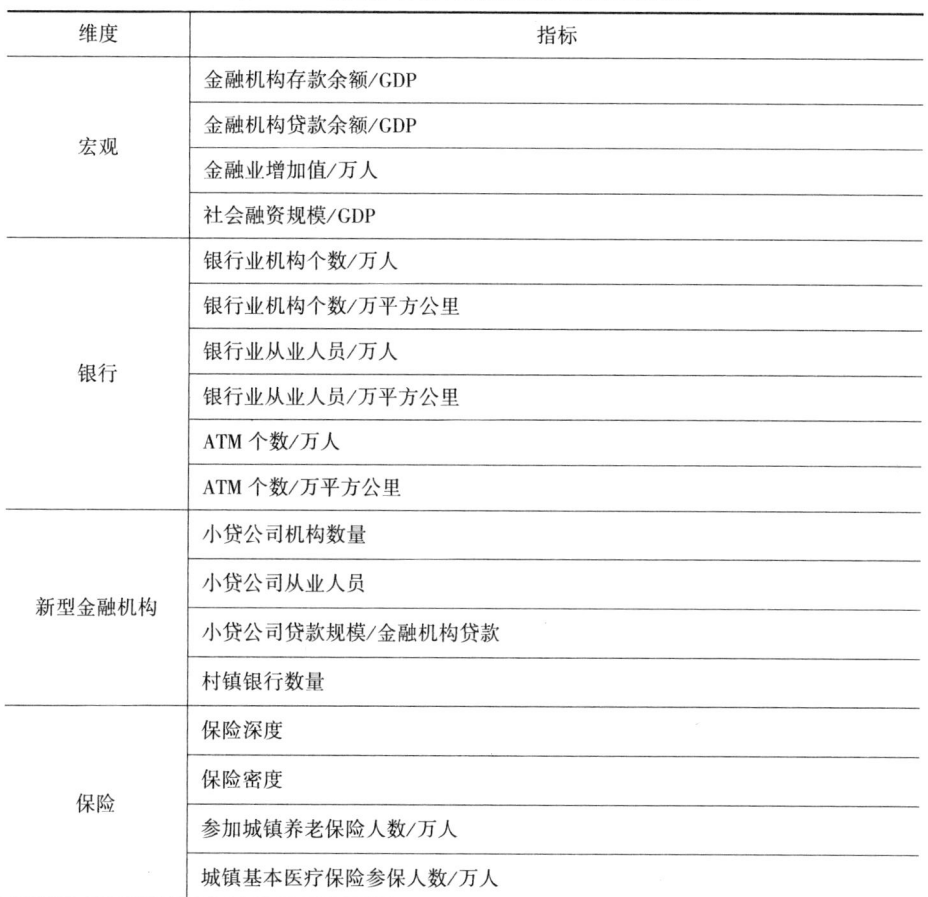

表 4-1 我国分省份普惠金融指数维度及指标

维度	指标
宏观	金融机构存款余额/GDP
	金融机构贷款余额/GDP
	金融业增加值/万人
	社会融资规模/GDP
银行	银行业机构个数/万人
	银行业机构个数/万平方公里
	银行业从业人员/万人
	银行业从业人员/万平方公里
	ATM 个数/万人
	ATM 个数/万平方公里
新型金融机构	小贷公司机构数量
	小贷公司从业人员
	小贷公司贷款规模/金融机构贷款
	村镇银行数量
保险	保险深度
	保险密度
	参加城镇养老保险人数/万人
	城镇基本医疗保险参保人数/万人

二、实证结果分析

(一) 普惠金融发展总体指数的计算

首先，对所有指标进行主成分分析，检验数据的有效性，KMO 检验为 0.6898，适合进行主成分分析；其次，由表 4-2 可以看出，提取四个主成分即为合适的，其累积贡献率超过了 80%；再次，由表 4-3 主成分因子载荷矩阵（旋转后）可以看出，第一主成分主要代表银行体系的指标，第二主成分主要代表新型金融机构的指标，第三主成分主要代表宏观金融体系和部分保险体系的指标，第四主成分主要代表其他部分银行和部分保险系统的指标

（四个主成分所代表指标的相关载荷以阴影方式突出显示）；最后，计算2013年我国各个省份普惠金融的发展指数，结果如表4-4所示。

表4-2　主成分提取分析（六）

主成分	贡献率	累积贡献率	特征值
第一主成分	0.4871	0.4871	8.7686
第二主成分	0.1879	0.6750	3.3816
第三主成分	0.0896	0.7646	1.6121
第四主成分	0.0656	0.8302	1.1817

表4-3　主成分因子载荷矩阵（六）

指标	第一主成分	第二主成分	第三主成分	第四主成分
金融机构存款余额/GDP	−0.0345	−0.1675	0.4759	0.0179
金融机构贷款余额/GDP	−0.0053	−0.1364	0.3932	0.1206
金融业增加值/万人	0.2515	0.0094	0.2025	0.1019
社会融资规模/GDP	−0.1994	−0.3639	0.2752	0.0669
银行业机构个数/万人	−0.1476	−0.0577	−0.0570	0.6547
银行业机构个数/万平方公里	0.4486	−0.0088	−0.0142	−0.0892
银行业从业人员/万人	0.2456	0.0335	−0.0348	0.3528
银行业从业人员/万平方公里	0.4485	−0.0432	−0.0217	−0.1276
ATM个数/万人	0.2291	−0.0872	−0.1146	0.3238
ATM个数/万平方公里	0.4485	−0.0351	−0.0130	−0.1073
小贷公司机构数量	−0.0184	0.4536	0.0081	−0.0092
小贷公司从业人员	−0.0746	0.4850	0.1398	−0.0250
小贷公司贷款规模/金融机构贷款	−0.1925	0.3234	0.0545	0.1508
村镇银行数量	0.0192	0.4385	−0.0213	−0.0420
保险深度	−0.0006	0.1542	0.5978	−0.1413
保险密度	0.2042	0.0857	0.2986	0.0737
参加城镇养老保险人数/万人	0.2619	0.1241	0.1096	0.2131
城镇基本医疗保险参保人数/万人	0.0637	0.1459	0.0469	0.4249

表4-4　2013年我国各省份普惠金融发展指数

省份	第一主成分	第二主成分	第三主成分	第四主成分	综合得分	排名
上海	9.81	-2.05	3.82	1.26	4.82	1
北京	4.98	-2.76	7.43	3.30	2.79	2
天津	3.21	-1.91	-0.24	2.34	1.34	3
浙江	1.30	1.57	1.29	2.85	1.23	4
江苏	1.09	2.94	-0.25	0.35	1.08	5
广东	1.19	1.56	0.93	0.84	1.01	6
辽宁	0.37	2.24	-0.72	1.79	0.65	7
山东	0.18	1.45	-1.21	-1.06	0.18	8
吉林	0.10	0.47	-1.92	0.86	0.02	9
重庆	-0.98	1.33	1.01	1.81	-0.02	10
福建	0.27	-1.05	-0.52	0.09	-0.10	11
内蒙古	-1.29	3.15	-1.66	0.82	-0.13	12
河北	-0.76	1.68	-0.39	-1.68	-0.20	13
四川	-1.21	1.74	0.89	-0.64	-0.22	14
宁夏	-0.46	-0.78	0.12	1.83	-0.24	15
河南	-0.67	1.60	-0.84	-2.43	-0.26	16
山西	-0.82	0.36	0.37	0.21	-0.29	17
湖北	-0.45	0.24	-1.03	-1.39	-0.36	18
安徽	-1.37	2.19	-0.51	-2.01	-0.43	19
黑龙江	-0.67	-0.06	-1.00	-0.18	-0.44	20
陕西	-0.68	-0.88	-0.69	-0.02	-0.56	21
新疆	-0.94	-0.73	0.32	-0.35	-0.59	22
海南	-0.46	-2.29	-0.24	-0.27	-0.69	23
江西	-1.17	0.21	-1.24	-0.99	-0.71	24
广西	-1.36	0.65	-1.56	-1.99	-0.81	25
湖南	-0.73	-0.81	-1.96	-1.87	-0.81	26

续表

省份	第一主成分	第二主成分	第三主成分	第四主成分	综合得分	排名
云南	-1.74	0.28	0.23	-2.71	-0.95	27
甘肃	-1.71	-0.96	0.29	-0.58	-1.03	28
贵州	-1.54	-0.76	-0.46	-2.12	-1.07	29
青海	-1.43	-3.27	-0.12	0.67	-1.28	30
西藏	-2.04	-5.34	-0.14	1.28	-1.93	31

资料来源：经笔者计算得出。

总体看来，普惠金融指数的排名和各个省份的经济发达程度及金融发展程度是息息相关的，也是符合直觉的。普惠金融指数排名第一的上海市，其第一主成分的得分较高，说明其银行体系的普惠程度较高；排名前三位的上海市、北京市、天津市，其第二主成分的得分却是负值，落后于其他大多数省份，说明其新型金融机构的发展是较为滞后的；排名最后的西藏自治区，主成分中贡献率最高的第一和第二主成分都处于全国最低水平，说明其银行体系及新型金融机构的发展都是较差的。

在对所有指标进行主成分分析后，我们得出了2013年31个省份普惠金融发展总体的指数，但是我们得出的主成分只是较大程度上代表了某些指标（如第一主成分主要代表银行业的指标），并且这些指标的分布并不是规律的及有经济意义的（如第三和第四指标），所以以下还进行了分维度的普惠金融指数计算，以便进行更细致的考察。

(二) 分维度指数的计算

笔者计算了四个维度下的普惠金融指数，限于篇幅只列出保险维度下的计算情况（因为第二节的影响因素分析，把保险维度的得分作为因变量），其他维度下只简单描述计算结果。

在宏观维度，增加了社会融资规模和金融业增加值两个指标，"金融业增加值/万人"衡量一个地区人口维度上金融机构新创造价值的高低，"社会融资规模/GDP"衡量实体经济从金融体系获得的资金总额占GDP的比例。提取两个主成分，第一主成分主要代表第三、第二和第一个指标，即金融体系的指标；第二主成分主要代表第四个指标，即关于实体经济与金融体系关系的指标。综合排名最高的北京市，其第一和第二主成分都处于较高水平，对应的其四个原始指标也都是处于全国最高或较高水平；排名第二的上海市，得益于其第一主成分得分较高，对应的第一、第二、第三个原始指标的水平也较高；排名最后的湖南省和河南省，其对应的原始指标也基本处于最低水平。

在银行维度中，指标上增加了地理维度的考察，因为各个省的地理面积存在差异，地理维度在一定程度上衡量了获取金融服务的交通成本，即每万平方公里存在的银行机构、银行从业人员或 ATM 越多，居民越可能在较近的位置获取到金融服务，交通成本也就越低。提取两个主成分，第一主成分主要代表第二、第四和第六个指标，即地理维度的三个指标；第二主成分主要代表第一、第三和第五个指标，即人口维度的三个指标。综合得分排名第一的上海市，其第一主成分得分相当高，这是由于其地理面积为我国最小，因此其地理维度上的指标（第二、第四和第六个）都相当高；排名最后的云南省，其第二主成分得分最低，对应的第一、第三和第五个指标值也都是全国最低的。

新型金融机构是近些年出现的金融机构，较为典型的是小额贷款公司与村镇银行，相对于其他金融机构，其金融服务对低收入人群和小微企业的针对性更强。其中"小贷公司贷款规模/金融机构贷款"测度一个地区小贷公司贷款规模占金融机构贷款的比例，衡量小额贷款部分的普惠程度。新型金融机构维度下，提取两个主成分，第一主成分主要代表第一、第二和第四个指标，第二主成分主要代表第三个指标。综合得分排名第一的江苏省，其第一主成分得分最高，对应的第一、第二和第四个指标都属于较高水平；排名第二的内蒙古自治区，其第二主成分得分较高，其对应的第三个指标的水平也较高；排名靠后的北京市和上海市，其原始的四个指标也是偏低的，这是由于北京市和上海市金融发展已较为成熟，市场竞争激烈，新型金融机构较难获得市场份额。

关于保险维度。由于分省数据的限制，"保险"维度的指标包括：保险深度、保险密度、参加城镇养老保险人数/万人、城镇基本医疗保险参保人数/万人。指标的意义如第三章第二节所示。

在各省的统计年鉴中，还存在可以构建出的指标，例如，保险系统机构数/万平方公里、保险系统机构数/万人、保险系统职工人数/万平方公里、保险系统职工人数/万人、社会保障统筹收入增长幅度等，但是由于各个省的统计年鉴完善程度参差不齐，数据缺失较为严重，所以本书没有选用，未来待数据发展完善，可以做更细致的研究。

社会保障方面，本书只选取了最主要的养老保险和医疗保险的数据，失业保险、工伤保险、生育保险在今后如果有研究的需要也可以引入指标体系。

首先，检验数据的有效性，KMO 检验为 0.6544，适合进行主成分分析；

其次，由表 4-5 可以看出，提取两个主成分即为合适的，其累积贡献率超过了 80%；再次，由表 4-6 主成分因子载荷矩阵（旋转后）可以看出，第一主成分主要代表第一和第二个指标，即和保费收入相关的两个指标，第二主成分主要代表第三和第四个指标，即和参保人数相关的两个指标（两个主成分所代表指标的相关载荷以阴影方式突出显示）；最后，计算 2013 年我国各个省份普惠金融之保险维度的发展情况，结果如表 4-7 所示。为了验证实证结果，笔者列出了原始数据，如表 4-8 所示。

表 4-5　主成分提取分析（七）

主成分	贡献率	累积贡献率	特征值	特征向量			
第一主成分	0.7401	0.7401	2.9604	0.4663	0.5496	0.5478	0.4248
第二主成分	0.1723	0.9124	0.6891	-0.5927	-0.2155	0.1005	0.0621

表 4-6　主成分因子载荷矩阵（七）

指标	保险深度	保险密度	参加城镇养老保险人数/万人	城镇基本医疗保险参保人数/万人
第一主成分	0.7204	0.5748	0.3786	-0.0852
第二主成分	-0.2230	0.1348	0.4158	0.8713

表 4-7　2013 年我国各省份普惠金融之保险维度发展情况

省份	第一主成分得分	第二主成分得分	综合得分	排名
北京	5.87	1.97	4.68	1
上海	3.54	1.98	2.96	2
浙江	1.30	1.78	1.27	3
广东	1.10	2.01	1.16	4
四川	0.77	-0.88	0.42	5
重庆	-0.06	2.47	0.38	6
江苏	0.31	0.36	0.29	7
新疆	0.43	-0.45	0.24	8
辽宁	0.02	0.93	0.17	9
天津	-0.14	1.61	0.17	10
宁夏	-0.15	1.49	0.15	11

续表

省份	第一主成分得分	第二主成分得分	综合得分	排名
山西	0.27	-0.75	0.07	12
福建	0.10	-0.39	0.00	13
黑龙江	-0.10	-0.01	-0.08	14
河北	0.16	-1.17	-0.08	15
山东	-0.31	-0.14	-0.25	16
河南	-0.08	-1.21	-0.27	17
陕西	-0.27	-0.60	-0.30	18
海南	-0.53	0.26	-0.35	19
湖北	-0.47	-0.43	-0.42	20
吉林	-0.76	0.41	-0.49	21
甘肃	-0.39	-1.32	-0.52	22
内蒙古	-0.88	-0.11	-0.67	23
安徽	-0.69	-0.97	-0.68	24
云南	-0.69	-1.35	-0.74	25
江西	-1.00	-0.59	-0.84	26
湖南	-1.08	-0.49	-0.88	27
青海	-1.25	-0.61	-1.03	28
贵州	-1.16	-1.38	-1.10	29
广西	-1.50	-1.09	-1.30	30
西藏	-2.33	-1.34	-1.96	31

表4-8 2013年我国各省份普惠金融之保险维度原始数据

省份	保险深度（%）	保险密度（元）	城镇参加养老保险人数/万人	城镇基本医疗保险参保人数/万人
北京	5.10	4753.40	6200.00	7162.46
天津	1.90	1880.20	3537.36	6803.67
河北	3.00	1147.40	1629.07	2283.65
山西	3.00	1142.00	2111.29	2992.56
内蒙古	2.00	1100.00	1987.51	3948.00

续表

省份	保险深度（%）	保险密度（元）	城镇参加养老保险人数/万人	城镇基本医疗保险参保人数/万人
辽宁	2.32	1200.50	3937.59	5314.94
吉林	2.10	968.70	2503.09	5011.09
黑龙江	2.60	1002.10	2769.49	4120.99
上海	3.80	3401.20	5920.83	6834.29
江苏	2.40	1823.60	3095.89	4317.42
浙江	3.00	2018.70	4320.48	7495.65
安徽	2.50	801.00	1345.44	2762.69
福建	2.60	1523.20	2153.74	3401.64
江西	2.20	706.00	1667.85	3265.41
山东	2.30	1336.60	2321.55	3748.01
河南	3.00	865.00	1434.18	2440.45
湖北	2.40	1012.90	2102.26	3380.93
湖南	2.10	766.00	1631.59	3461.66
广东	3.10	1795.00	3886.83	8626.85
广西	1.90	583.70	1140.86	2184.74
海南	2.30	811.40	2884.25	4542.23
重庆	2.80	1209.50	2561.95	10891.58
四川	3.48	1134.40	2122.36	3072.53
贵州	2.30	518.60	962.99	1918.08
云南	2.70	685.30	820.46	2386.92
西藏	1.42	366.30	449.04	1756.73
陕西	2.60	1109.30	1818.57	3305.69
甘肃	2.90	692.90	1116.96	2411.97
青海	2.00	676.00	1562.28	3137.02
宁夏	2.80	1111.30	2198.32	8647.09
新疆	3.14	1207.83	2103.98	3874.03

资料来源：笔者根据《中国统计年鉴》中的数据计算得出。

综合得分排名第一和第二的北京市和上海市，其两个主成分得分都较高，这和其经济发展程度高、制度建设完善、居民参保意识高相关；排名最后的西藏自治区，其两个主成分得分基本都处于全国最低水平，原始的四个指标值也都是全国最低的。北京市、上海市和西藏自治区保险维度的原始数据在表4-8中以阴影部分突出显示。

此外，笔者观察到，在原始数据中出现了一个异常值，重庆的"城镇基本医疗保险参保人数/万人"数值（见表4-8阴影部分）超过了1万，此处使用的人口数是"年末常住人口"。翻阅资料，笔者发现，在数值上重庆市的"年末常住人口"＜"城镇基本医疗保险参保人数"＜"总人口"（或"户籍人数：总人口"）。这一情况和重庆市存在大量外出务工人员有关，外出务工人员如果务工单位没有在务工当地给其购买社会保险，则其只能在户籍所在地自行购买社会保险。这一数据虽然异常，但是也能够反映重庆市的医疗保险工作开展得比较到位，所以笔者没有对这一指标进行进一步的处理。

三、研究结论

本节主要从地理和人口两个维度，计算2013年我国31个省份的普惠金融发展指数。从金融主体的角度，普惠金融指数具体分为四个维度：宏观、银行、新型金融机构、保险，各个维度之下设置相应的指标进行普惠金融的评价。

首先是对所有指标进行主成分分析，得出2013年31个省份的普惠金融发展总体指数，并进行排名。可以看出，普惠金融指数的排名和各个省份的经济发达程度以及金融发展程度是息息相关的，排名靠前的省份都是经济较为发达、金融发展较为成熟的省份，排名靠后的多数为经济较不发达、金融发展较为欠缺的省份，这一结果也是符合直觉的。普惠金融指数排名第一的上海市，其银行体系的普惠程度较高；排名前三位的上海市、北京市、天津市，虽然总体水平较高，但是其新型金融机构的发展却是较为滞后的；排名最后的西藏自治区，其银行体系及新型金融机构的发展都是较差的。

其次是进行分维度指数的计算，在宏观、银行、保险三个维度，上海市和北京市都获得了较高的评分，但是它们在新型金融机构维度却排名靠后，这一现象主要由于上海市和北京市的经济发展水平高，金融发展（包括银行和保险）较为成熟，市场竞争激烈，新型金融机构较难获得市场份额；新型金融机构这一维度发展较好的省份和地区是江苏省和内蒙古自治区。在四个维度的结果中，排名靠后的省份各不相同，但基本都是经济和金融发展较不发达的省份。

第二节　普惠金融发展的影响因素分析

本节针对上一节计算所得的我国 31 个省份 2013 年普惠金融发展的横截面数据，进行普惠金融体系的影响因素分析，以便为后文提出发展普惠金融的政策建议打下基础。

一、普惠金融发展的影响因素

笔者选取的影响普惠金融发展的因素包括：人均 GDP（代表经济发展与居民收入水平）、第三产业贡献率（代表产业格局）、平均受教育年限（代表居民文化程度）和交通密集度（代表交通便利程度）。各指标的意义解释如下。

人均 GDP（GDP）：人均 GDP 的数据来源于 2014 年《中国统计年鉴》。人均 GDP 这一变量反映了各个省的经济发展水平及居民个人的收入水平，因为是截面数据所以没有使用"实际人均 GDP"。宏观上来说，经济发展会促进和影响金融发展；从微观上来说，居民个人的收入决定了其经济地位，也会影响其可承担的金融消费能力。一般而言，经济较发达、居民收入普遍较高的地区，普惠金融发展程度会较高，居民受到的金融排斥会较少。本书使用人均 GDP（GDP）代表一个地区经济发展与居民收入水平对普惠金融发展的影响作用，预期其对普惠金融发展会起到正向的影响。

第三产业贡献率（IND3）：第三产业贡献率是指第三产业增量与国内生产总值增量之比。数据来源于 2014 年《中国统计年鉴》，经笔者计算而得。一方面，金融业本身属于第三产业，这里没有使用更具体的"金融业增加值"是因为在第三节中构建普惠金融指数的时候已经使用了该指标；另一方面，第三产业贡献率在一定程度上可以反映一个省经济发展的产业格局，通常来说随着经济发展的演化，第三产业在经济发达的地方的贡献率会较高（如美国、我国的上海和北京）。因此，第三产业贡献率高的地区，其经济和金融发展水平一般来说也会较高，普惠金融的发展也会更好。本书使用第三产业贡献率（IND3）代表一个地区的产业格局对普惠金融发展的影响作用，预期其对普惠金融发展会起到正向的影响。

平均受教育年限（EDU）：笔者使用 2014 年《中国统计年鉴》"分地区按

性别和受教育程度分的人口"中的数据,以通用的公式计算出平均受教育年限:(未上过学人数×0年+小学文化程度人数×6年+初中文化程度人数×9年+高中文化程度人数×12年+大专及以上文化程度人数×16年)/6岁及以上人数。从个人的角度来说,平均受教育年限越长,居民个人的文化素养越高,经济收入和社会地位会较高,其自身的金融服务需求也会较高,受到的金融排斥则较小;从金融机构的角度来说,金融机构对受过较高层次教育的群体会有更强的偏好,直接影响居民接受金融服务的机会。本书使用平均受教育年限(EDU)代表一个地区的居民文化程度对普惠金融发展的影响作用,预期其对普惠金融发展会起到正向的影响。

交通密集度(ROAD):该指标为单位面积的道路长度,道路长度采用住房和城乡建设部公布的数据。道路长度这一交通基础设施的状况,可以代表一个地区在交通方面的便利程度,提高交通方面的基础设施建设水平,可以提高普惠金融供给方和需求方双方接触的便利程度,一方面降低居民的直接交通成本,另一方面降低金融机构在偏远地区设立分支机构的成本,因而能促进普惠金融的发展。为了各省之间的数据可比,本书将道路长度除以各省的面积,以单位面积内道路长度(ROAD)来代表一个地区交通便利程度对普惠金融发展的影响作用,预期其对普惠金融发展会起到正向的影响。

为了对以上四个因素产生一个直观的感受,笔者提供了描述性统计,如表4-9所示。

表4-9　四个影响因素的描述性统计

变量	最大值	最小值	均值	标准差
人均GDP(元)	99607	22922	47047	20777
第三产业贡献率(%)	0.88	0.31	0.51	0.13
平均受教育年限(年)	12.03	4.37	8.98	1.19
交通密集度(公里/平方公里)	7722.22	3.32	1244.16	1867.61

以上就是本书使用的四个影响因素,在此还需要提及将来可能使用的一个影响因素——"互联网普及率"。互联网普及率是一个地区的网民数量占总人口数量的比率。近年来,互联网技术对人们的生活产生了巨大的影响,从网上银行的逐渐普及,到最近互联网金融(包括余额宝、P2P、众筹等)的兴起,都减少了金融交易成本,使人们能更快捷方便地了解到金融知识、进行金融业务操作,增加对金融服务的需求。一般来说,一个地区的互联网普

及率越高,一方面居民对金融服务的需求越高,另一方面金融交易的成本会越低,这两方面都会促进普惠金融的发展。然而,一方面是这一块数据难以获得,本书只有在计算我国普惠金融发展的年度指数时(见表3-11)有支付宝用户规模这一数据,在计算我国各省普惠金融发展指数的时候(见表4-1),由于分省数据的限制,就没有纳入与互联网相关的指标,这是本书的缺憾之一,当未来数据比较充足时,互联网普及率这一影响因素应当纳入考虑之中;另一方面是互联网金融虽然发展势头强劲,但是发展年限尚短,在整个金融体系中的占比还较小。基于以上两个原因,本书没有在影响因素中纳入"互联网普及率"这一因素。

二、实证结果分析

以下以本章第一节计算所得的我国31个省份2013年普惠金融发展总体指数(见表4-4)为因变量,构建其与上述影响因素的计量模型,如公式(4-1)所示:

$$IFI = \alpha_0 + \alpha_1 \ln(GDP) + \alpha_2 IND3 + \alpha_3 EDU + \alpha_4 \ln(ROAD) + \delta \quad (4-1)$$

为了减少变量的剧烈波动及异方差,笔者对自变量中的水平变量"人均GDP"和"交通密集度"取了对数,其他指标不取对数的原因为:"第三产业贡献率"为比例数据一般不取对数,"平均受教育年限"这一变量在各省之间的波动较低,而因变量普惠金融发展指数存在负数。

笔者首先使用最小二乘估计(OLS)来检验上述因素对普惠金融指数的影响,估计结果如表4-10所示。该模型的决定系数 $R^2 = 0.83$,修正决定系数 Adj $R^2 = 0.80$,说明该多元线性模型的拟合优度较好,即模型中的自变量能够较好地解释普惠金融发展指数的变化。变量中除了"平均受教育年限"这一变量不显著,其他变量都是显著的,并且符号均与预期相符。

表4-10 最小二乘估计结果

变量描述	变量	系数	标准差	t统计量	p值
常数项	Constant	-17.7867	3.5640	-4.99	0.000
人均GDP	ln(GDP)	1.3579	0.3896	3.49	0.002
第三产业贡献率	IND3	3.3607	0.9843	3.41	0.002
平均受教育年限	EDU	0.0417	0.1498	0.28	0.783
交通密集度	ln(ROAD)	0.1982	0.1031	1.92	0.066
R^2		0.83		Adj R^2	0.80

其次，笔者对以上截面数据回归进行相关的检验，方差膨胀因子 VIF 值为 2.89，说明不存在多重共线性问题；怀特检验 p 值为 0.0173，说明存在异方差，以下用加权最小二乘估计（WLS）进行修正，估计结果如表 4-11 所示。在异方差形式未知时，需要对异方差的函数形式做出估计，然后再进行加权最小二乘估计，这种方法属于可行的广义最小二乘估计（GFLS）的一种。

表 4-11　加权最小二乘估计结果（普惠金融指数为因变量）

变量描述	变量	系数	标准差	t 统计量	p 值
常数项	Constant	-13.2323	1.9068	-6.94	0.000
人均 GDP	ln(GDP)	0.9650	0.2055	4.70	0.000
第三产业贡献率	IND3	1.8575	0.6333	2.93	0.007
平均受教育年限	EDU	0.0888	0.0676	1.31	0.200
交通密集度	ln(ROAD)	0.1857	0.0433	4.29	0.000
R^2	0.91		Adj R^2	0.89	

该模型的决定系数 R^2 = 0.91，修正决定系数 Adj R^2 = 0.89，说明该模型的解释力度比 OLS 估计结果更好。自变量中所有系数的符号都符合预期，同样地还是"平均受教育年限"这一变量不显著，其余变量显著，并且显著性比 OLS 估计结果有了提高。

通过以上影响因素的分析，可以看出，提高人均 GDP、第三产业贡献率和交通密集度，都对普惠金融的发展有显著的正向影响。"平均受教育年限"这一变量在回归模型中没有显著，可能的原因一方面是其对普惠金融影响的传导机制较长，另一方面是在普惠金融的指标体系中（见表 4-1），多数变量是从宏观、制度与金融机构的角度出发，和居民个人直接相关的变量较少，只有"保险深度"和"保险密度"（"保险深度"是保费收入与 GDP 的比值，"保险密度"是人均保险费额）这两个和保费相关的指标，一定程度上直接体现了居民的保险意识。

因此笔者有了一个猜想，"平均受教育年限"对保险维度得分是否会具有显著的影响呢？笔者观察到，在保险维度的得分中，主要代表"保险深度"和"保险密度"的第一主成分贡献率达到 74%（见表 4-5），因此以下笔者将我国 31 个省份 2013 年保险维度的得分（见表 4-7）作为因变量，同样以以上四个指标为自变量，构建计量模型进行回归。

相似地，直接使用 OLS 回归不存在多重共线性问题（VIF 值为 2.43），但是存在异方差的问题（怀特检验 p 值为 0.0251），需要用 WLS 进行修正。以下直接给出 WLS 回归结果，如表 4-12 所示。

表 4-12　加权最小二乘估计结果（保险维度得分为因变量）

变量描述	变量	系数	标准差	t 统计量	p 值
常数项	Constamt	−11.4955	3.5111	−3.27	0.003
人均 GDP	ln(GDP)	0.7285	0.3700	1.97	0.060
第三产业贡献率	IND3	2.1617	1.0689	2.02	0.054
平均受教育年限	EDU	0.2670	0.1304	2.05	0.051
交通密集度	ln(ROAD)	0.0274	0.1011	0.27	0.788
R^2	0.66		Adj R^2	0.60	

该模型的决定系数 $R^2 = 0.66$，修正决定系数 Adj $R^2 = 0.60$，自变量中所有系数的符号都符合预期，除了"交通密集度"变量不显著，其余变量皆在 10% 的水平下显著，"平均受教育年限"对保险维度得分具有显著的影响这一猜想得到了验证。

三、研究结论

本节主要研究普惠金融发展的影响因素，为后文发展普惠金融的政策建议提供依据。笔者使用的是 2013 年各省份的横截面数据，选取的影响普惠金融发展的因素包括：人均 GDP（代表经济发展与居民收入水平）、第三产业贡献率（代表产业格局）、平均受教育年限（代表居民文化程度）和交通密集度（代表交通便利程度）。研究发现，以上变量均对普惠金融指数有正向的影响，除了平均受教育年限对普惠金融指数没有显著的影响之外，人均 GDP、第三产业贡献率以及交通密集度都对普惠金融的发展有显著的影响。

同时，笔者还发现，在以普惠金融发展总体指数为因变量的模型中，不显著的影响因素"平均受教育年限"，在以普惠金融之保险维度得分为因变量的模型中，具有正的显著的影响，说明提高居民的受教育水平能够促进保险维度的发展，虽然其对普惠金融整体指数的影响是不显著的。

第五章
普惠金融对贫困减缓的影响分析

本章聚焦于普惠金融对贫困减缓的影响。首先,从理论上分析普惠金融对贫困减缓的直接和间接作用机制;其次,对我国各省份 2005~2013 年的普惠金融指数和包容性增长指数进行测算;再次,进行普惠金融、包容性增长与贫困减缓的实证分析,验证普惠金融对贫困减缓的直接作用机制;最后,通过实证检验,探讨普惠金融对贫困减缓的作用机制,验证普惠金融通过包容性增长对贫困减缓的间接作用机制。

第一节 普惠金融对贫困减缓的作用

第一章进行了普惠金融与贫困减缓关系的文献综述,在此本书借鉴 Claessens 和 Feijen(2006)提出的金融发展对贫困减缓的作用机制(包含直接作用渠道和通过经济增长的间接渠道),结合普惠金融与包容性增长,就普惠金融对贫困减缓的直接和间接作用机制进行论述,为之后的实证分析打下理论基础。

一、普惠金融的直接作用

低收入人群对金融服务有不同于中高收入人群的需求。普惠金融的发展会增加小微企业和低收入家庭对金融服务的可获得性。金融机构针对低收入人群的金融需求,设计出良好的金融服务和产品,将有利于促成交易,使低收入人群降低交易成本、积累资产、缓解收入波动等,从而增加低收入人群可持续生计的能力,避免贫困的产生。以下主要从低收入人群对金融服务的需求出发,结合金融机构对金融服务的供给,进行分析。

（一）消费方面

消费是低收入人群生活中最基本的支出。家庭中的消费一般由定期的小额采购和偶尔的大额支出（如购买家庭设施、交通工具等）构成。对于贫困家庭来说，购买食物以维持生存是最主要的支出之一，贫困程度越严重，食物支出占总支出的比例就越高。家庭中有时可能会出现收入不稳定或者非平滑化的情况，从而和消费不匹配，这时候就需要用短期存款来应对，或者使用信用卡分期还款的方式，来缓解大额支出所造成的压力。

储蓄是金融服务的一个主要功能，它可以为低收入人群提供一种安全的资金积累方式，使其获得利息收入；同时可以帮助低收入人群平滑消费，增强对大额支出的承担能力，降低由此而导致贫困的关联性。通常，低收入人群希望储蓄是安全的、低成本的（较低的交易成本、方便的营业时间、尽可能少的书面工作）、设计合理的（允许经常性地存入小额、金额不等的现金并能快速支取资金），即便存在通货膨胀使储蓄不能保值，低收入人群也还是会把储蓄的安全性放在首位。

信用卡的透支及分期还款可以视为一种方便快捷的小额贷款，在信用额度之内可以即时刷卡透支，无须申请审批，如果在信用卡还款时无法全额还款，可以申请分期还款，这也可以增强对大额支出的承担能力，起到平滑消费的作用。

（二）投资方面

低收入人群有时候也会面临一些能够带来经济收益的投资机会，如投资新的生产工具和设备以提高生产力、投资于教育以提高人力资本，这些投资的目的都是使其拥有更多的生产性资产。但是，这些投资对于低收入人群来说可能会出现难以支付得起的状况，此时如果低收入人群能够获得小额贷款类金融服务的帮助，其将能抓住投资机会并从中受益，减缓贫困。

信贷服务是金融服务的一个基本构成，向低收入人群提供信贷服务是金融服务减缓贫困的重要方式之一。当低收入人群面临大额资金需求时，借贷就成为十分重要的解决方式。信贷服务可以帮助低收入人群增加对设备、厂房、原材料、人力资源和技术等生产性资产的投资，促使其提高生产力及收入水平。同时，信贷可以帮助低收入人群建立起正规、可靠的多元化收入渠道，降低低收入人群面临的风险和脆弱性，减少贫困的发生。

（三）保险方面

保险是低收入人群遇到意外支付需求的重要保障。低收入人群除了收入低，还具有抗风险能力弱的特征。贫困家庭面对巨大的经济压力，通常会采取一些行为在家庭内部分散风险，如缩减食物量、让孩子辍学、放弃对重病患者的治疗等。然而，这样的做法远远不够，有时甚至会让家庭陷入更糟的状况，如果能在更多的个体之间分散风险，无疑能够减弱贫困人口的脆弱性。

保险可以让低收入人群面临突发状况时，提高寻求外界支持和服务的能力，因此保险（特别是社会保障）对于低收入人群来说是尤为重要的。医疗保险可以帮助其应对重大疾病给家庭带来的巨大负担，养老保险可以保障其老年的基本生活，失业保险、工伤保险等也都有其相应的作用。对于我国广大的农民群体来说，通过农业保险来增强其应对自然灾害、疫病等事故的能力，也是抵抗风险和减缓贫困的一种有效方式。

(四) 转移支付

对于低收入人群来说，家庭成员之间转账汇款是生活中的一项重要事宜。许多贫困家庭的生活都是依靠在其他国家或者城市工作的家庭成员寄回的钱款。特别是在我国，城乡二元结构下存在大量进城务工的农民工，其作为家庭主要的劳动力，需要尽到赡养父母和抚养子女的责任，因此需要把部分收入转移到其他家庭成员手中，这时候转账汇款就是其所需要的金融服务。对于家庭成员来说，这部分资金是其抵抗风险的一种额外方式。如果能够获得方便快捷、安全、低成本的转账汇款服务，如使用网上银行、手机银行、支付宝等金融工具，将会降低其交易成本，使其受惠。

总的来说，普惠金融向低收入人群提供储蓄、贷款和保险等基本金融服务，通过平滑消费、促进投资、风险管理、降低交易成本等方式，实现贫困减缓。

二、包容性增长的间接作用

普惠金融通过包容性增长的方式作用于贫困减缓，其中包含两个环节，一个是普惠金融对包容性增长的作用，另一个是包容性增长对贫困减缓的作用。

(一) 普惠金融对包容性增长的作用

普惠金融所具备的功能：动员储蓄和投资转化、流动性供给、风险管理、信息与激励等会作用于家庭部门、企业部门、政府部门以及整个经济环境，从而促进包容性增长。

家庭部门作为主要的消费者，在普惠金融中集存款者与贷款者于一体。普惠金融为家庭提供储蓄设施和银行账户，为家庭资金安全提供保障，使家庭收入水平提高、风险抵御能力增强。家庭通过获得小额的消费贷款可以提高家庭的收入水平，并使消费平滑化，通过教育贷款可以提高人力资本及潜在的生产能力。这些方式都能使家庭获得经济机会并受惠于经济增长，实现包容性增长。

企业部门是最重要的生产者。长期以来，融资难问题都是制约广大小微企业生存发展的重要问题，而普惠金融的主要任务之一就是解决小微企业融资难问题。普惠金融通过向企业部门提供方便快捷、低成本的金融服务，减少信息不对称所带来的问题，为企业的发展带来动力，扩大企业生产和员工就业，使众多的小微企业都能共同参与、共同分享经济发展。

政府部门在普惠金融与包容性增长中扮演着重要的角色，是普惠金融与包容性增长的积极倡导者。政府通过对市场指引和导向（包括政策引导、行政干预等手段），促进普惠金融体系的发展，同时通过债券市场以较低的成本来获得资金，投资道路、机场、港口、供水和卫生、电信等基础设施，扩大就业，使更多的社会成员参与并受惠于经济增长。

此外，普惠金融还能稳定经济环境，保证经济可持续地、具备包容性地增长，即普惠金融通过共享与分散的方式降低风险，提高整体经济环境抗波动冲击的能力，从而稳定宏观经济环境，促进包容性增长。

（二）包容性增长对贫困减缓的作用

在包容性增长使社会总体财富增加的前提之下，包容性增长通常以扩大就业、改善收入分配等方式惠及低收入人群，最终使穷人收益，减缓贫困。

增加收入水平。包容性增长可以促进经济增长，增加政府的税收收入，从而增加政府用于健康、教育、社会保障等方面的支出，改善低收入人群的福利。同时，随着经济增长，资本积累增加，也可以为低收入人群提供更多的资金，增加其收入，减少贫困。

创造就业机会。包容性增长倡导社会所有成员均等获得经济机会，参与并受惠于经济增长。随着消费、投资、贸易的扩张，包容性增长会促进项目的增加和企业的发展，为低收入人群创造更多的就业机会，使其获得更多的人力资源投入，增加社会技能，有利于贫困减缓。

改善收入分配。包容性增长强调让社会的所有人能共同参与、共同分享经济增长，同时也强调公平与效率的协调。经济增长对收入分配具有直接的影响。包容性增长对于改善收入分配，降低初始收入差距，有重要的作用，这有利于低收入人群生活水平的提高。

总的来说，普惠金融作用于家庭部门、企业部门、政府部门以及整个经济环境，从而促进包容性增长；包容性增长以增加收入水平、扩大就业、改善收入分配等途径惠及低收入人群，减缓贫困。

第二节 普惠金融指数与包容性增长指数的测算

本节进行我国各省份普惠金融指数（2005~2013年的面板数据）的测算，用于接下来的实证检验。同时，也进行包容性增长指数的测算，同样是针对2005~2013年我国各省份的面板数据。

一、我国各省份普惠金融指数的测算

（一）普惠金融指数的构建

鉴于分省数据及指标年份长度的限制，普惠金融指数选取的指标比第三章及第四章的指标略有减少，分为三个维度："宏观""银行""保险"。其中，"宏观"维度包括：金融机构存款余额/GDP、金融机构贷款余额/GDP、金融业增加值/万人；"银行"维度包括：银行业机构个数/万人、银行业机构个数/万平方公里、银行业从业人员/万人、银行业从业人员/万平方公里；"保险"维度包括：保险深度、保险密度、城镇参加养老保险人数/万人、城镇基本医疗保险参保人数/万人。各指标的意义同前。

（二）实证结果

1. 普惠金融总体指数的计算

首先，检验数据的有效性，KMO 检验为 0.8149，适合进行主成分分析；其次，由表 5-1 可以看出，提取三个主成分即可，其累积贡献率超过了 80%；再次，得出如表 5-2 所示的主成分因子载荷矩阵（旋转后）；最后，计算 2005~2013 年我国各省份普惠金融之宏观维度的发展情况，结果如表 5-3 所示，表中排名以 2013 年得分为准。表 5-3 中 2013 年各省份得分的与表 4-4 中的排名顺序是接近的，也起到了验证前文结论的作用。各主成分得分和原始数据，限于篇幅就不再列出。

由表 5-2 可知，第一主成分主要代表了地理维度的银行业指标及社会保障指标，第二主成分主要代表存贷款和保险的指标，第三主成分主要代表人口维度的银行业指标。各主成分所代表指标的相关载荷在表 5-2 中以阴影部分突出显示。

表 5-1 主成分提取分析（八）

主成分	贡献率	累积贡献率	特征值
第一主成分	0.6518	0.6518	7.1694
第二主成分	0.1184	0.7702	1.3028
第三主成分	0.0829	0.8531	0.9119

表 5-2 主成分因子载荷矩阵（八）

指标	第一主成分	第二主成分	第三主成分
金融机构存款余额/GDP	-0.0633	0.5778	0.1007
金融机构贷款余额/GDP	0.0418	0.4770	0.0580
金融业增加值/万人	0.2975	0.1867	0.0659
银行业机构个数/万人	-0.0845	-0.0190	0.7938
银行业机构个数/万平方公里	0.5027	-0.0858	-0.1684
银行业从业人员/万人	0.2422	0.0180	0.4544
银行业从业人员/万平方公里	0.4960	-0.0748	-0.1749
保险深度	-0.0375	0.5802	-0.1854
保险密度	0.2949	0.2281	-0.0238
城镇参加养老保险人数/万人	0.3820	0.0061	0.1464
城镇基本医疗保险参保人数/万人	0.3271	-0.0379	0.1741

表 5-3 2005~2013 年我国各省份普惠金融发展指数

省份	2005年	2006年	2007年	2008年	2009年	2010年	2011年	2012年	2013年	排名
上海	3.66	4.07	4.79	5.61	5.82	6.93	6.76	7.11	8.04	1
北京	3.03	3.16	3.74	4.05	4.49	5.12	5.00	5.39	5.82	2
天津	1.32	1.41	1.72	1.81	2.25	2.70	2.83	3.04	3.27	3
浙江	0.04	0.15	0.41	0.76	1.18	1.48	1.71	2.07	2.61	4
广东	-0.29	-0.20	0.10	0.37	0.66	0.98	1.26	1.67	1.87	5
重庆	-0.92	-0.91	-0.91	-0.63	-0.29	-0.04	0.30	1.23	1.39	6
江苏	-0.35	-0.33	-0.03	0.27	0.43	0.72	0.91	1.16	1.32	7
辽宁	-0.01	-0.03	0.24	0.53	0.60	0.89	0.91	1.02	1.28	8
宁夏	-0.79	-0.74	-0.60	-0.46	-0.26	-0.10	0.02	0.86	1.02	9

续表

省份	2005年	2006年	2007年	2008年	2009年	2010年	2011年	2012年	2013年	排名
福建	-0.87	-0.80	-0.64	-0.40	-0.13	0.02	0.09	0.27	0.47	10
山东	-0.70	-0.68	-0.63	-0.55	-0.30	-0.37	0.00	0.14	0.38	11
海南	-0.94	-0.83	-0.79	-0.58	-0.40	-0.22	-0.07	0.05	0.31	12
山西	-0.83	-0.64	-0.71	-0.50	-0.20	-0.16	-0.04	0.06	0.31	13
吉林	-0.64	-0.60	-0.44	-0.35	-0.10	0.10	0.05	0.12	0.25	14
黑龙江	-0.84	-0.77	-0.78	-0.49	-0.19	-0.10	-0.06	0.04	0.18	15
内蒙古	-1.05	-0.99	-0.87	-0.72	-0.41	-0.23	-0.13	0.05	0.10	16
四川	-1.24	-1.19	-1.08	-0.91	-0.67	-0.34	-0.24	-0.08	0.07	17
新疆	-0.92	-0.91	-0.86	-0.69	-0.52	-0.37	-0.28	-0.10	-0.01	18
陕西	-1.03	-1.02	-0.95	-0.79	-0.62	-0.48	-0.37	-0.28	-0.08	19
湖北	-1.02	-0.98	-0.89	-0.71	-0.51	-0.40	-0.32	-0.26	-0.14	20
青海	-1.10	-1.11	-1.00	-0.99	-0.81	-0.67	-0.56	-0.34	-0.19	21
河北	-1.05	-1.03	-0.92	-0.80	-0.55	-0.47	-0.48	-0.38	-0.27	22
河南	-1.14	-1.15	-1.11	-0.91	-0.81	-0.68	-0.59	-0.50	-0.39	23
江西	-1.33	-1.30	-1.11	-0.93	-0.80	-0.72	-0.66	-0.55	-0.43	24
安徽	-1.34	-1.24	-1.11	-0.96	-0.80	-0.67	-0.62	-0.57	-0.45	25
湖南	-1.21	-1.24	-1.14	-0.98	-0.79	-0.74	-0.70	-0.58	-0.52	26
甘肃	-1.35	-1.35	-1.22	-1.10	-0.96	-0.85	-0.81	-0.70	-0.58	27
广西	-1.51	-1.51	-1.47	-1.39	-1.16	-1.03	-0.97	-0.87	-0.78	28
云南	-1.42	-1.43	-1.36	-1.27	-1.07	-1.01	-1.00	-0.94	-0.80	29
贵州	-1.54	-1.51	-1.45	-1.40	-1.22	-1.09	-1.07	-1.01	-0.83	30
西藏	-1.59	-1.60	-1.56	-1.47	-1.43	-1.35	-1.22	-1.05	-0.83	31

一方面，可以观察到，2005~2013年，我国各省份普惠金融指数的数值基本都在增加，说明各省份普惠金融的发展情况是日益乐观的；另一方面，2005~2013年各省份的排名基本稳定，差异不大，如2013年排名第一和第二的上海市和北京市，其在2005~2012年也基本都是第一和第二的排名，而2013年排名倒数两位的西藏自治区和贵州省，其在2005~2012年也基本都是倒数两位的排名。

2. 分维度指标的计算

因为在第七章的实证研究中，还要考察分维度的普惠金融指数对贫困减缓的影响，所以以下计算出宏观、银行、保险三个维度下的普惠金融指数。

（1）宏观维度。"宏观"维度的指标包括：金融机构存款余额/GDP、金融机构贷款余额/GDP、金融业增加值/万人。指标意义同第四章。

首先，检验数据的有效性，KMO检验为0.7563，适合进行主成分分析；其次，由表5-4可以看出，提取一个主成分即可，其累积贡献率超过了80%；再次，得出如表5-5所示的主成分因子载荷矩阵（旋转后）；最后，计算2005~2013年我国各省份普惠金融之宏观维度的发展情况，结果如表5-6所示，表中排名以2013年得分为准。各主成分得分和原始数据，限于篇幅就不再列出。

表5-4　主成分提取分析（九）

主成分	贡献率	累积贡献率	特征值	特征向量		
第一主成分	0.8690	0.8690	2.6069	0.5773	0.5850	0.5696

表5-5　主成分因子载荷矩阵（九）

指标	金融机构存款余额/GDP	金融机构贷款余额/GDP	金融业增加值/万人
第一主成分	0.5773	0.5850	0.5696

表5-6　2005~2013年我国各省份普惠金融之宏观维度得分情况

省份	2005年	2006年	2007年	2008年	2009年	2010年	2011年	2012年	2013年	排名
北京	4.30	4.51	4.33	4.67	5.89	6.14	6.20	6.56	6.83	1
上海	2.14	2.19	2.49	2.70	3.71	3.86	4.07	4.41	4.80	2
浙江	0.22	0.38	0.51	0.82	1.59	1.72	1.76	1.89	2.03	3
天津	0.12	0.18	0.45	0.36	1.23	1.35	1.33	1.71	2.02	4
西藏	-0.59	-0.59	-0.60	-0.49	-0.31	-0.08	0.21	0.71	1.43	5
青海	-0.30	-0.33	-0.34	-0.45	0.21	0.34	0.33	0.77	1.09	6
重庆	-0.34	-0.31	-0.27	-0.25	0.42	0.55	0.53	0.83	1.08	7
广东	-0.18	-0.24	-0.14	-0.16	0.36	0.44	0.41	0.65	0.90	8
宁夏	0.19	0.17	0.00	-0.18	0.35	0.43	0.40	0.65	0.90	9

续表

省份	2005年	2006年	2007年	2008年	2009年	2010年	2011年	2012年	2013年	排名
海南	-0.44	-0.44	-0.46	-0.46	0.19	0.38	0.33	0.51	0.78	10
江苏	-0.74	-0.68	-0.58	-0.52	0.00	0.15	0.16	0.42	0.66	11
山西	-0.26	-0.21	-0.35	-0.37	0.30	0.24	0.08	0.39	0.62	12
甘肃	-0.46	-0.58	-0.67	-0.63	-0.13	-0.11	-0.06	0.22	0.55	13
云南	-0.24	-0.12	-0.16	-0.16	0.46	0.58	0.40	0.42	0.53	14
新疆	-0.69	-0.79	-0.77	-0.89	-0.34	-0.24	-0.16	0.12	0.37	15
四川	-0.65	-0.64	-0.69	-0.55	0.01	0.04	-0.06	0.16	0.37	16
福建	-0.88	-0.72	-0.67	-0.61	-0.28	-0.11	-0.09	0.11	0.31	17
贵州	-0.34	-0.31	-0.45	-0.54	-0.13	0.05	-0.02	0.04	0.24	18
辽宁	-0.32	-0.32	-0.44	-0.51	-0.11	-0.10	-0.17	0.00	0.17	19
陕西	-0.28	-0.41	-0.50	-0.55	-0.10	-0.17	-0.26	-0.16	0.00	20
安徽	-0.99	-0.91	-0.92	-0.93	-0.59	-0.56	-0.60	-0.43	-0.27	21
广西	-1.09	-1.09	-1.15	-1.13	-0.62	-0.61	-0.68	-0.52	-0.37	22
湖北	-0.80	-0.78	-0.84	-0.90	-0.53	-0.51	-0.67	-0.54	-0.38	23
山东	-1.14	-1.18	-1.20	-1.20	-0.87	-0.75	-0.71	-0.55	-0.41	24
河北	-1.22	-1.19	-1.24	-1.22	-0.80	-0.78	-0.84	-0.66	-0.47	25
江西	-1.10	-1.15	-1.22	-1.25	-0.86	-0.80	-0.83	-0.65	-0.49	26
黑龙江	-1.20	-1.22	-1.26	-1.32	-0.92	-0.92	-0.96	-0.78	-0.61	27
内蒙古	-1.38	-1.38	-1.47	-1.49	-1.19	-1.09	-1.03	-0.92	-0.75	28
吉林	-0.75	-0.77	-1.00	-1.09	-0.81	-0.86	-0.99	-0.93	-0.76	29
河南	-1.27	-1.29	-1.42	-1.47	-1.18	-1.13	-1.15	-1.00	-0.84	30
湖南	-1.24	-1.24	-1.29	-1.32	-1.06	-1.08	-1.16	-1.05	-0.93	31

2013年综合得分排名第一的北京市，在2005~2012年同样得分最高；2013年排名最后的湖南省和河南省，在2005~2012年的排名也基本处于倒数第一、第二的位置。同时，综观2005~2013年各省份的普惠金融之宏观维度，得分基本都是在上升的（只是上升的速度有快有慢），说明普惠金融之宏观维度在稳步发展。

（2）银行维度。"银行"维度的指标包括：银行业机构个数/万人、银行业机构个数/万平方公里、银行业从业人员/万人、银行业从业人员/万平方公里。指标意义同第四章。

首先，检验数据的有效性，KMO 检验为 0.5688，可以进行主成分分析；其次，由表 5-7 可以看出，提取两个主成分是合适的，其累积贡献率超过了 80%；再次，由表 5-8 主成分因子载荷矩阵（旋转后）可以看出，第一主成分主要代表第二和第四指标，即地理维度的两个指标，第二主成分主要代表第一和第三个指标，即人口维度的两个指标（各主成分所代表指标的相关载荷以阴影部分突出显示）；最后，计算 2005~2013 年我国 31 个省份普惠金融之银行维度的发展情况，结果如表 5-9 所示，表中排名以 2013 年得分为准。各主成分得分和原始数据，限于篇幅就不再列出。

2013 年综合得分排名第一的上海市，在 2005~2012 年同样得分最高，其地理面积为我国最小，因此其地理维度上的指标（第二和第四个）都相当高；2013 年排名最后的云南省，在 2005~2012 年的排名处于倒数第一或者第二的位置，其第一和第三个指标值（人口维度上的指标）也都是全国最低的。同时，综观 2005~2013 年 31 个省份的普惠金融之银行维度，得分基本都是在上升的（只是上升的速度有快有慢），说明普惠金融之银行维度在稳步地发展。

表 5-7 主成分提取分析（十）

主成分	贡献率	累积贡献率	特征值	特征向量			
第一主成分	0.6399	0.6399	2.5597	0.2609	0.5685	0.5345	0.5684
第二主成分	0.3043	0.9442	1.2171	0.7937	-0.3444	0.3553	-0.3538

表 5-8 主成分因子载荷矩阵（十）

指标	银行业机构个数/万人	银行业机构个数/万平方公里	银行业从业人员/万人	银行业从业人员/万平方公里
第一主成分	-0.1259	0.6628	0.3162	0.6669
第二主成分	0.8259	-0.0503	0.5585	-0.0588

表 5-9 2005~2013 年我国各省份普惠金融之银行维度得分情况

省份	2005 年	2006 年	2007 年	2008 年	2009 年	2010 年	2011 年	2012 年	2013 年	排名
上海	2.86	2.89	3.58	4.17	3.79	4.82	5.15	5.45	6.70	1
北京	1.98	2.14	2.35	2.35	2.46	2.42	2.39	2.53	2.69	2
天津	1.99	1.95	2.00	1.82	2.00	2.09	2.23	2.30	2.38	3

续表

省份	2005 年	2006 年	2007 年	2008 年	2009 年	2010 年	2011 年	2012 年	2013 年	排名
浙江	0.65	0.63	0.69	0.69	0.85	1.03	1.08	1.23	1.40	4
辽宁	0.40	0.04	0.50	0.61	0.16	0.59	0.69	0.53	0.90	5
江苏	0.07	-0.15	0.00	0.09	-0.05	0.14	0.26	0.39	0.50	6
山西	-0.03	0.07	-0.47	-0.26	-0.07	-0.18	0.11	0.10	0.38	7
广东	0.13	0.14	0.14	0.05	0.06	0.18	0.18	0.39	0.36	8
内蒙古	0.04	-0.01	-0.04	-0.20	0.08	0.15	0.19	0.48	0.27	9
宁夏	-0.12	-0.12	-0.10	-0.07	-0.05	-0.03	0.08	0.15	0.20	10
吉林	0.29	0.15	0.05	-0.04	-0.02	0.16	0.06	0.14	0.16	11
福建	-0.21	-0.30	-0.27	-0.21	-0.14	-0.15	-0.09	0.01	0.11	12
山东	0.01	-0.08	-0.18	-0.39	-0.22	-0.19	-0.11	-0.06	0.05	13
黑龙江	-0.42	-0.47	-0.55	-0.37	-0.26	-0.25	-0.17	-0.06	0.03	14
重庆	-0.23	-0.33	-0.67	-0.58	-0.56	-0.48	-0.19	-0.14	-0.03	15
西藏	-0.27	-0.45	-0.43	-0.44	-0.44	-0.39	-0.32	-0.25	-0.09	16
青海	-0.39	-0.43	-0.42	-0.42	-0.47	-0.44	-0.33	-0.17	-0.10	17
四川	-0.65	-0.67	-0.68	-0.75	-0.70	-0.34	-0.27	-0.19	-0.12	18
陕西	-0.34	-0.40	-0.41	-0.40	-0.40	-0.35	-0.26	-0.23	-0.12	19
河北	-0.33	-0.39	-0.33	-0.41	-0.35	-0.37	-0.38	-0.34	-0.27	20
海南	-0.39	-0.33	-0.51	-0.49	-0.49	-0.46	-0.38	-0.39	-0.31	21
河南	-0.48	-0.57	-0.61	-0.55	-0.59	-0.53	-0.49	-0.39	-0.33	22
甘肃	-0.61	-0.66	-0.67	-0.67	-0.60	-0.53	-0.45	-0.42	-0.35	23
新疆	-0.49	-0.50	-0.58	-0.88	-0.74	-0.60	-0.52	-0.47	-0.47	24
江西	-0.70	-0.71	-0.65	-0.71	-0.67	-0.69	-0.58	-0.53	-0.47	25
湖北	-0.57	-0.48	-0.66	-0.72	-0.71	-0.70	-0.64	-0.60	-0.52	26
安徽	-1.04	-0.81	-0.83	-0.85	-0.77	-0.69	-0.61	-0.73	-0.52	27
湖南	-0.57	-0.87	-0.69	-0.75	-0.69	-0.72	-0.67	-0.65	-0.63	28
广西	-1.01	-1.05	-1.06	-1.19	-1.00	-0.90	-0.86	-0.80	-0.75	29
贵州	-1.20	-1.22	-1.17	-1.18	-1.16	-1.01	-0.99	-0.98	-0.77	30
云南	-1.23	-1.40	-1.13	-1.29	-1.09	-1.12	-1.10	-1.05	-1.03	31

（3）保险维度。"保险"维度的指标包括：保险深度、保险密度、参加城镇养老保险人数/万人、城镇基本医疗保险参保人数/万人。指标意义同第四章。

首先，检验数据的有效性，KMO 检验为 0.7453，适合进行主成分分析；其次，由表 5-10 可以看出，提取两个主成分是合适的，其累积贡献率超过了 80%；再次，由表 5-11 主成分因子载荷矩阵（旋转后）可以看出，第一主成分主要代表第二、第三和第四个指标，第二主成分主要代表第一个指标（各主成分所代表指标的相关载荷以阴影部分突出显示）；最后，计算 2005~2013 年我国 31 个省份普惠金融之银行维度的发展情况，结果如表 5-12 所示，表中排名以 2013 年得分为准。各主成分得分和原始数据，限于篇幅就不再列出。

表 5-10 主成分提取分析（十一）

主成分	贡献率	累积贡献率	特征值	特征向量			
第一主成分	0.7569	0.7569	3.0278	0.4297	0.5437	0.5343	0.4841
第二主成分	0.1586	0.9156	0.6345	0.7999	0.0913	-0.2482	-0.5387

表 5-11 主成分因子载荷矩阵（十一）

指标	银行业机构个数/万人	银行业机构个数/万平方公里	银行业从业人员/万人	银行业从业人员/万平方公里
第一主成分	-0.0573	0.4136	0.5848	0.6955
第二主成分	0.9062	0.3645	0.0712	-0.2020

表 5-12 2005~2013 年我国各省份普惠金融之保险维度得分情况

省份	2005 年	2006 年	2007 年	2008 年	2009 年	2010 年	2011 年	2012 年	2013 年	排名
北京	2.32	2.08	2.77	3.11	3.45	4.43	3.99	4.28	4.71	1
上海	2.01	2.67	2.91	3.63	3.94	4.70	3.76	3.89	3.81	2
广东	-0.55	-0.42	0.01	0.57	0.95	1.39	1.92	2.44	2.74	3
浙江	-0.54	-0.44	-0.10	0.39	0.72	1.03	1.30	1.82	2.69	4
重庆	-1.12	-1.07	-0.89	-0.40	-0.01	0.31	0.70	2.47	2.54	5
天津	0.43	0.56	0.90	1.11	1.41	2.09	1.97	1.94	2.02	6
宁夏	-1.00	-0.95	-0.70	-0.44	-0.23	-0.02	0.01	1.63	1.76	7
辽宁	0.02	0.15	0.37	0.82	1.12	1.38	1.29	1.44	1.55	8

续表

省份	2005年	2006年	2007年	2008年	2009年	2010年	2011年	2012年	2013年	排名
江苏	-0.57	-0.43	-0.05	0.39	0.59	0.87	1.02	1.19	1.21	9
吉林	-0.88	-0.74	-0.27	0.02	0.44	0.65	0.60	0.62	0.78	10
海南	-1.06	-0.99	-0.71	-0.30	-0.15	0.12	0.28	0.43	0.77	11
黑龙江	-0.54	-0.41	-0.33	0.05	0.48	0.64	0.61	0.61	0.72	12
山东	-1.01	-0.94	-0.76	-0.46	-0.20	-0.38	0.11	0.25	0.54	13
新疆	-0.67	-0.64	-0.54	-0.01	0.15	0.30	0.31	0.44	0.53	14
福建	-1.05	-0.94	-0.75	-0.36	-0.04	0.17	0.18	0.30	0.49	15
四川	-1.22	-1.09	-0.88	-0.53	-0.24	0.03	0.11	0.19	0.33	16
内蒙古	-1.01	-0.95	-0.73	-0.44	-0.16	0.04	0.12	0.19	0.33	17
山西	-1.02	-0.82	-0.65	-0.33	-0.06	0.04	0.04	0.10	0.26	18
湖北	-1.04	-0.98	-0.79	-0.32	-0.07	0.10	0.20	0.17	0.24	19
陕西	-1.12	-1.07	-0.94	-0.61	-0.44	-0.19	-0.09	-0.03	0.16	20
湖南	-1.22	-1.16	-1.02	-0.62	-0.37	-0.27	-0.26	-0.10	-0.07	21
江西	-1.32	-1.28	-0.93	-0.51	-0.41	-0.29	-0.34	-0.23	-0.12	22
河北	-1.18	-1.14	-0.98	-0.66	-0.33	-0.23	-0.28	-0.22	-0.12	23
青海	-1.22	-1.24	-1.02	-1.03	-0.82	-0.58	-0.48	-0.36	-0.23	24
河南	-1.33	-1.29	-1.16	-0.79	-0.64	-0.49	-0.38	-0.38	-0.28	25
安徽	-1.35	-1.26	-0.98	-0.67	-0.52	-0.36	-0.36	-0.33	-0.31	26
甘肃	-1.33	-1.30	-0.99	-0.81	-0.69	-0.59	-0.63	-0.56	-0.49	27
云南	-1.41	-1.44	-1.33	-1.08	-0.99	-0.89	-0.87	-0.84	-0.64	28
广西	-1.51	-1.50	-1.44	-1.25	-1.04	-0.88	-0.82	-0.76	-0.70	29
贵州	-1.58	-1.54	-1.44	-1.29	-1.11	-1.00	-0.97	-0.91	-0.82	30
西藏	-1.83	-1.82	-1.76	-1.64	-1.58	-1.53	-1.41	-1.30	-1.23	31

2013年综合得分排名第一和第二的北京市和上海市，在2005~2012年同样得分最高，这得益于其经济发展程度高，保险系统和社会保障体系较为完善，居民参保意识高；2013年排名最后的西藏自治区，在2005~2012年的排名也基本处于倒数第一的位置。同时，综观2005~2013年31个省份的普惠金融之保险维度，得分也基本都是在上升的，说明普惠金融之保险维度在稳步发展。

(三) 普惠金融指数的转化

上文使用的全局主成分分析法（或者主成分分析法），由于在构造标准化矩阵时采用了列元素和为零的准则，其标准化矩阵出现了有正值同时也有负值的情况，所求出的评价指数也是有正有负。为了数据处理方便，并且第七章实证所用的变量皆为正值，笔者使用规格化变换的技术方法对其进行处理，即使用式（5-1）：

$$Z_i = \frac{F_i - \min(F_i)}{\max(F_i) - \min(F_i)} \times 10 \tag{5-1}$$

将各个省份普惠金融总体指数（见表5-3）转化成0~10的标准化数据，如表5-13所示。

表5-13　2005~2013年我国各省份普惠金融发展指数（转化）

省份	2005年	2006年	2007年	2008年	2009年	2010年	2011年	2012年	2013年
上海	5.46	5.88	6.63	7.48	7.70	8.85	8.67	9.04	10.00
北京	4.80	4.94	5.54	5.86	6.32	6.97	6.85	7.25	7.70
天津	3.03	3.12	3.44	3.54	3.99	4.46	4.59	4.81	5.05
浙江	1.70	1.81	2.08	2.45	2.88	3.19	3.43	3.81	4.37
广东	1.36	1.45	1.76	2.04	2.34	2.67	2.96	3.39	3.60
重庆	0.70	0.71	0.71	1.00	1.36	1.62	1.97	2.93	3.10
江苏	1.29	1.32	1.63	1.94	2.10	2.40	2.60	2.86	3.03
辽宁	1.65	1.63	1.91	2.21	2.28	2.58	2.60	2.72	2.99
宁夏	0.84	0.89	1.03	1.18	1.39	1.55	1.68	2.55	2.72
福建	0.75	0.83	0.99	1.24	1.52	1.68	1.75	1.94	2.15
山东	0.93	0.95	1.00	1.09	1.35	1.27	1.66	1.80	2.05
海南	0.68	0.80	0.84	1.06	1.24	1.43	1.58	1.71	1.98
山西	0.80	0.99	0.92	1.14	1.45	1.49	1.62	1.72	1.98
吉林	0.99	1.03	1.20	1.29	1.55	1.76	1.71	1.78	1.92
黑龙江	0.79	0.86	0.85	1.15	1.46	1.55	1.60	1.70	1.84
内蒙古	0.57	0.63	0.75	0.91	1.23	1.42	1.52	1.71	1.76
四川	0.37	0.42	0.54	0.71	0.96	1.30	1.41	1.57	1.73

续表

省份	2005年	2006年	2007年	2008年	2009年	2010年	2011年	2012年	2013年
新疆	0.70	0.71	0.77	0.94	1.12	1.27	1.37	1.55	1.65
陕西	0.59	0.60	0.67	0.84	1.01	1.16	1.27	1.37	1.57
湖北	0.60	0.64	0.73	0.92	1.13	1.24	1.33	1.39	1.51
青海	0.52	0.51	0.62	0.63	0.82	0.96	1.08	1.30	1.46
河北	0.57	0.59	0.70	0.83	1.09	1.17	1.16	1.26	1.38
河南	0.47	0.46	0.51	0.71	0.82	0.95	1.05	1.14	1.25
江西	0.28	0.31	0.51	0.69	0.83	0.91	0.97	1.09	1.21
安徽	0.27	0.37	0.51	0.66	0.83	0.96	1.01	1.07	1.19
湖南	0.40	0.37	0.47	0.64	0.84	0.89	0.93	1.06	1.12
甘肃	0.26	0.26	0.39	0.52	0.66	0.78	0.82	0.93	1.06
广西	0.09	0.09	0.13	0.22	0.45	0.59	0.65	0.75	0.85
云南	0.18	0.17	0.25	0.34	0.55	0.61	0.62	0.68	0.83
贵州	0.06	0.09	0.15	0.20	0.39	0.53	0.55	0.61	0.80
西藏	0.01	0.00	0.04	0.13	0.17	0.26	0.39	0.57	0.80

同样的方法可以得出宏观、银行、保险三个维度下转化的指数，在此就不再罗列。

二、我国各省份包容性增长指数的测算

(一) 包容性增长指数的构建

由于本书研究的重点在于普惠金融，因此包容性增长指数的测算本书参考了魏婕、任保平（2011）的做法，同时考虑了省份数据的限制性，将包容性增长指数的测算分为"增长前提""增长要素""增长结果"三个维度。各维度包含的指标如表5-14所示。同样地，部分指标既需要考察人口维度，又需要考察地理维度。

表 5-14　我国分省包容性增长指数维度及指标

维度	指标	指标性质
增长前提	男女人口数之比（X_1）	逆
	预期寿命（X_2）	正
	教育经费/GDP（X_3）	正
	医疗卫生机构/万平方公里（X_4）	正
	医疗卫生机构/万人（X_5）	正
	卫生人员/万平方公里（X_6）	正
	卫生人员/万人（X_7）	正
	通货膨胀率（X_8）	逆
	外资开放度（X_9）	正
增长要素	R&D 经费/GDP（X_{10}）	正
	城镇登记失业率（X_{11}）	逆
	城乡收入比（X_{12}）	逆
	政府社会保障支出/GDP（X_{13}）	正
增长结果	月最低工资/人均 GDP（X_{14}）	正
	居民消费水平（X_{15}）	正
	农村居民人均住房水平（X_{16}）	正
	商品房销售价格/平均工资（X_{17}）	逆
	单位产出能耗比（X_{18}）	逆
	单位产出废水排放量（X_{19}）	逆
	单位产出废气排放量（X_{20}）	逆
	离婚率（X_{21}）	逆
	人均拥有公共图书馆藏量（X_{22}）	正
	电视覆盖率（X_{23}）	正

资料来源：国家统计局、各省的统计年鉴。

其中，"外资开放度"使用"实际利用外资额/GDP"测算，"单位产出能耗比""单位产出废水排放量""单位产出废气排放量"分别用"电力消费量/GDP""废水排放总量/GDP""二氧化硫排放量/GDP"测算；"预期寿命"只有 2000 年、2010 年的数据，处理方式同魏婕和任保平（2011）。

与文中普惠金融评价体系不同的是，在包容性增长评价体系中，存在正向和逆向的指标，这就需要对正向和负向指标进行处理，如式（5-2）和式（5-3）所示。

$$\text{正向指标 } \bar{x_i} = \frac{x_i - \min(x_i)}{\max(x_i) - \min(x_i)} \quad (5-2)$$

$$\text{逆向指标 } \bar{x_i} = \frac{\max(x_i) - x_i}{\max(x_i) - \min(x_i)} \quad (5-3)$$

（二）实证结果

首先，检验数据的有效性，KMO 检验为 0.7905，适合进行主成分分析；其次，由表 5-15 可以看出，需要提取七个主成分使其累积贡献率超过 80%；再次，得出如表 5-16 所示的主成分因子载荷矩阵（旋转后）（各主成分所代表指标的相关载荷以阴影方式突出显示）；最后，计算 2005~2013 年我国 31 个省份包容性增长指数，结果如表 5-17 所示，表中排名以 2013 年得分为准。各主成分得分和原始数据，限于篇幅就不再列出。

表 5-15 主成分提取分析（十二）

主成分	贡献率	累积贡献率	特征值
第一主成分	0.3777	0.3777	8.6867
第二主成分	0.1280	0.5057	2.9442
第三主成分	0.0829	0.5886	1.9068
第四主成分	0.0683	0.6569	1.5700
第五主成分	0.0548	0.7117	1.2605
第六主成分	0.0482	0.7599	1.1095
第七主成分	0.0470	0.8069	1.0805

表 5-16 主成分因子载荷矩阵（十二）

指标	第一主成分	第二主成分	第三主成分	第四主成分	第五主成分	第六主成分	第七主成分
X_1	-0.0408	0.0374	-0.1201	0.0510	0.0059	0.7373	0.0820
X_2	0.1650	-0.1408	0.1715	-0.2156	0.0929	-0.0817	-0.0042
X_3	0.0030	0.4085	-0.0597	0.2725	0.0031	0.0160	-0.0118
X_4	0.3423	0.0094	0.0981	0.0358	0.0876	-0.1262	0.1755
X_5	-0.0563	0.4671	0.0146	-0.1129	0.1419	-0.0889	0.2531

续表

指标	第一主成分	第二主成分	第三主成分	第四主成分	第五主成分	第六主成分	第七主成分
X_6	0.4788	-0.0154	-0.0373	0.1208	-0.0454	-0.0037	-0.0113
X_7	0.1542	0.2856	0.2551	-0.2856	-0.1088	-0.0488	0.0792
X_8	-0.0055	0.0006	-0.0030	0.0097	-0.0194	0.0441	0.9056
X_9	0.0993	-0.1506	0.2050	0.1441	0.0527	0.3481	-0.0461
X_{10}	0.2280	-0.1134	0.0783	0.0347	0.0740	0.2047	0.0564
X_{11}	0.0430	0.1777	0.5587	0.1932	-0.0412	-0.0975	-0.0376
X_{12}	0.0340	-0.0924	0.1494	-0.2741	0.1076	0.1722	-0.0279
X_{13}	0.0289	0.4656	-0.0656	0.0335	-0.0891	0.0968	-0.1638
X_{14}	-0.0688	0.0324	-0.2151	0.2046	0.1144	-0.3846	-0.0011
X_{15}	0.3669	0.0566	0.0989	-0.0805	-0.0014	-0.0930	-0.0389
X_{16}	0.3073	-0.1158	-0.1836	0.1013	0.3423	-0.0815	0.0604
X_{17}	0.1788	0.1940	-0.5507	-0.0862	-0.0052	0.0936	-0.0284
X_{18}	-0.0722	-0.0267	-0.0385	0.0061	0.6695	-0.0405	0.0132
X_{19}	0.0235	0.3617	0.1568	-0.1249	0.1340	0.1477	-0.0838
X_{20}	0.0007	0.1370	0.0616	0.0037	0.5346	0.1007	-0.1286
X_{21}	0.0569	-0.0247	0.1676	0.6860	0.0243	0.0568	0.0206
X_{22}	0.4993	0.0318	-0.1521	-0.0011	-0.1634	0.0195	-0.0779
X_{23}	0.0889	-0.1101	0.1236	-0.2802	0.1008	0.0234	-0.0342

表 5-17 2005~2013 年我国各省份包容性增长指数

省份	2005年	2006年	2007年	2008年	2009年	2010年	2011年	2012年	2013年	排名
上海	2.54	2.60	2.82	2.92	3.37	3.37	3.63	3.88	3.87	1
北京	1.36	1.42	1.58	1.58	2.06	2.00	2.19	2.41	2.56	2
天津	0.56	0.73	0.75	0.89	1.15	1.05	1.31	1.46	1.50	3
浙江	0.41	0.51	0.49	0.45	0.91	0.78	1.11	1.30	1.36	4
江苏	0.17	0.33	0.40	0.36	0.80	0.70	0.94	1.22	1.22	5
山东	-0.23	-0.14	-0.10	-0.14	0.56	0.59	0.74	0.93	1.11	6
广东	-0.26	-0.14	-0.03	0.04	0.52	0.45	0.56	0.77	0.93	7

续表

省份	2005年	2006年	2007年	2008年	2009年	2010年	2011年	2012年	2013年	排名
辽宁	-0.52	-0.29	-0.16	0.00	0.42	0.49	0.57	0.73	0.83	8
福建	-0.53	-0.37	-0.40	-0.23	0.31	0.27	0.44	0.66	0.65	9
西藏	-0.80	-0.70	-0.57	-0.47	-0.01	-0.18	0.25	0.48	0.58	10
河南	-0.78	-0.65	-0.62	-0.56	0.24	0.27	0.33	0.52	0.56	11
陕西	-0.92	-0.74	-0.68	-0.59	-0.03	-0.09	0.09	0.33	0.46	12
山西	-0.62	-0.48	-0.47	-0.43	0.16	0.17	0.20	0.39	0.45	13
江西	-0.58	-0.51	-0.47	-0.44	0.07	0.05	0.24	0.40	0.44	14
湖北	-0.75	-0.63	-0.52	-0.46	-0.02	-0.03	0.05	0.27	0.37	15
海南	-0.78	-0.74	-0.53	-0.57	-0.17	-0.20	0.12	0.36	0.34	16
重庆	-1.00	-0.92	-0.77	-0.63	-0.11	-0.11	0.09	0.30	0.32	17
湖南	-0.85	-0.70	-0.71	-0.59	-0.02	-0.06	0.08	0.21	0.25	18
河北	-0.84	-0.78	-0.75	-0.75	0.03	-0.03	-0.01	0.17	0.24	19
青海	-0.99	-0.78	-0.76	-0.72	-0.17	-0.01	0.07	0.22	0.20	20
安徽	-0.95	-0.82	-0.68	-0.59	-0.13	-0.15	-0.07	0.12	0.18	21
甘肃	-0.98	-0.86	-0.75	-0.62	-0.26	-0.28	-0.22	0.03	0.14	22
四川	-0.93	-0.87	-0.79	-0.73	-0.25	-0.20	-0.13	0.01	0.12	23
广西	-1.56	-1.31	-1.20	-1.10	-0.54	-0.44	-0.25	-0.10	0.03	24
内蒙古	-1.16	-0.93	-0.80	-0.74	-0.32	-0.39	-0.23	-0.10	-0.02	25
宁夏	-1.26	-0.99	-0.89	-0.79	-0.49	-0.49	-0.32	-0.11	-0.02	26
贵州	-1.54	-1.52	-1.35	-1.18	-0.60	-0.61	-0.49	-0.24	-0.14	27
吉林	-0.83	-0.74	-0.70	-0.64	-0.35	-0.37	-0.29	-0.19	-0.19	28
云南	-1.09	-1.08	-1.04	-0.93	-0.59	-0.61	-0.52	-0.35	-0.26	29
黑龙江	-0.91	-0.89	-0.82	-0.75	-0.43	-0.50	-0.45	-0.41	-0.35	30
新疆	-1.11	-1.04	-1.03	-0.99	-0.64	-0.57	-0.49	-0.30	-0.35	31

一方面可以观察到，2005~2013年我国31个省份包容性增长指数的数值基本都在增加，说明31个省份包容性增长的情况是日益乐观的；另一方面，在2005~2013年31个省份的排名基本稳定，差异不大，如2013年排名第一和第二的上海市和北京市，在2005~2012年也基本都是第一和第二的排名，而2013年排名靠后的省份，在2005~2012年也基本都是得分较低的。

笔者观察到西藏自治区的排名在第 10 位，查看原始数据，以 2013 年为例，经过正逆指标转换后的得分区间为 [0，1]，"教育经费/GDP""医疗卫生机构/万人""商品房销售价格/平均月工资""单位产出能耗比""单位产出废水排放量""单位产出废气排放量""离婚率"这几个指标的得分都在 0.9 以上，其中几个指标得分甚至接近于 1，这说明西藏的这些指标在 2013 年全国各省份的指标排名中都是相当靠前的。除此之外，"政府社会保障支出/GDP""月最低工资/人均 GDP""城镇登记失业率"这几个指标的得分在 2013 年各省份的得分中也是较高或者最高的。具体看各主成分的得分，西藏自治区 2013 年，虽然权重最高的第一主成分为负分，但是第二主成分（主要对应"医疗卫生机构/万人"和"政府社会保障支出/GDP"）相当高，第四主成分得分（主要对应"离婚率"）也较高，因此其主成分的加权得分是较高的。这种现象跟西藏自治区的地理、人口、经济结构及其在我国的特殊地位有关。虽然其经济发展较为落后，但是我们也不得不承认其包容性增长水平是较高的。

同样地，为了与普惠金融指数一起进行第七章的实证分析，笔者也利用式（5-1）把各个省份的包容性增长指数（见表 5-17）转化成了 0~10 的标准化数据，如表 5-18 所示。

表 5-18 2005~2013 年我国各省份包容性增长指数（转化）

省份	2005 年	2006 年	2007 年	2008 年	2009 年	2010 年	2011 年	2012 年	2013 年
上海	7.54	7.65	8.05	8.23	9.06	9.06	9.54	10.00	9.98
北京	5.36	5.48	5.77	5.77	6.65	6.54	6.89	7.30	7.57
天津	3.89	4.21	4.24	4.50	4.98	4.79	5.27	5.55	5.62
浙江	3.62	3.80	3.76	3.69	4.54	4.30	4.91	5.25	5.36
广东	3.18	3.47	3.60	3.53	4.33	4.15	4.59	5.11	5.11
重庆	2.44	2.61	2.68	2.61	3.89	3.95	4.22	4.57	4.91
江苏	2.39	2.61	2.81	2.94	3.82	3.69	3.89	4.28	4.57
辽宁	1.91	2.33	2.57	2.86	3.64	3.76	3.91	4.21	4.39
宁夏	1.89	2.18	2.13	2.44	3.43	3.36	3.67	4.08	4.06
福建	1.39	1.58	1.81	2.00	2.84	2.53	3.32	3.75	3.93
山东	1.43	1.67	1.72	1.83	3.30	3.36	3.47	3.82	3.89
海南	1.17	1.50	1.61	1.78	2.81	2.70	3.03	3.47	3.71
山西	1.72	1.98	2.00	2.07	3.16	3.18	3.23	3.58	3.69

续表

省份	2005年	2006年	2007年	2008年	2009年	2010年	2011年	2012年	2013年
吉林	1.80	1.93	2.00	2.05	2.99	2.96	3.30	3.60	3.67
黑龙江	1.48	1.70	1.91	2.02	2.83	2.81	2.96	3.36	3.54
内蒙古	1.43	1.50	1.89	1.81	2.55	2.50	3.08	3.53	3.49
四川	1.02	1.17	1.45	1.70	2.66	2.66	3.03	3.42	3.45
新疆	1.30	1.58	1.56	1.78	2.83	2.75	3.01	3.25	3.32
陕西	1.32	1.43	1.48	1.48	2.92	2.81	2.84	3.18	3.30
湖北	1.04	1.43	1.47	1.54	2.55	2.84	2.99	3.27	3.23
青海	1.12	1.36	1.61	1.78	2.62	2.59	2.73	3.08	3.19
河北	1.06	1.28	1.48	1.72	2.39	2.35	2.46	2.92	3.12
河南	1.15	1.26	1.41	1.52	2.40	2.50	2.62	2.88	3.08
江西	-0.01	0.45	0.66	0.84	1.87	2.05	2.40	2.68	2.92
安徽	0.73	1.15	1.39	1.50	2.27	2.15	2.44	2.68	2.83
湖南	0.55	1.04	1.23	1.41	1.96	1.96	2.27	2.66	2.83
甘肃	0.03	0.07	0.38	0.69	1.76	1.74	1.96	2.42	2.61
广西	1.34	1.50	1.58	1.69	2.22	2.18	2.33	2.51	2.51
云南	0.86	0.88	0.95	1.15	1.78	1.74	1.91	2.22	2.39
贵州	1.19	1.23	1.36	1.48	2.07	1.94	2.04	2.11	2.22
西藏	0.82	0.95	0.97	1.04	1.69	1.81	1.96	2.31	2.22

第三节 普惠金融、包容性增长与贫困减缓的作用分析

本节通过构建动态模型，使用2005~2013年我国省级面板数据，考察普惠金融与包容性增长对贫困减缓的作用。

一、模型构建

笔者借鉴Jeanneney和Kpodar（2008）及崔艳娟、孙刚（2012）的研究，构建如下动态模型：

$$pov_{i,t} = \alpha_0 + \alpha_1 pov_{i,t-1} + \alpha_2 ifi_{i,t} + \alpha_3 igi_{i,t} + \alpha_4 gdp_{i,t} + \alpha_5 ig_{i,t} + \gamma X_{i,t} + \lambda_t + u_i + \varepsilon_{i,t} \tag{5-4}$$

模型（5-4）用于检验普惠金融、包容性增长和贫困减缓的关系，其中 pov、ifi、igi、gdp、ig、X 分别为贫困减缓、普惠金融、包容性增长、经济增长、收入分配和其他控制变量；λ 为未观测的特定时间固定效应；u 是未观测的特定地区固定效应；ε 是误差项，服从通常的假设；i 表示省份；t 表示时期。

关于各个变量，由于省级数据的限制，本书选用"居民消费水平"代表贫困减缓，经济增长选用"人均 GDP"，这两个名义变量均取对数，并且设置通货膨胀率 CPI 这一控制变量；普惠金融指数、包容性增长指数皆使用第五章第二节计算出来的经过转化后的指数；收入分配使用城乡居民收入比率（城镇居民人均可支配收入/农村居民人均纯收入）；另外加入农业增加值（农业总产值/GDP）作为控制变量。

控制变量加入农业增加值，是因为我国广大的贫困人口主要分布在农村，农业收入是其收入的主要来源，农业产值增加有利于提高其收入水平。此外，农产品产值与气候变化密切相关，因此，也可以反映气候变化等自然因素对贫困减缓的影响。

控制变量加入通货膨胀率，是为了控制"居民消费水平"和"人均 GDP"这两个名义变量，同时，通货膨胀率直接关乎居民的生活水平，物价过高会降低居民收入水平和消费水平。此外，通货膨胀率在一定程度上可以代表宏观经济的稳定程度，因为通货膨胀率侵蚀金融机构的资本，使资源（特别是储蓄）调动困难，增加了利率、汇率及经济中其他价格（包括工资）的不稳定性。

二、模型估计方法

由于本书使用的是动态面板数据模型，容易产生内生性问题，为了避免估计出现偏差，笔者采用系统 GMM 方法来估计模型。系统 GMM 估计可以消除固定效应的影响，避免小样本的偏差问题（Blundell & Bond, 1998）。进行系统 GMM 估计时，将自变量的滞后项作为工具变量，无须事先知道随机误差项的准确分布信息，也无须考虑异方差和序列相关问题，因而使用系统 GMM 得到的参数估计更加有效。

系统 GMM 估计需要通过两个检验来验证其适用性。第一个是 Sargan 检验，其原假设是模型选用的工具变量是合适的，如果 Sargan 检验的 p 值大于

0.05，表示在5%的显著性水平上，工具变量的选择是合理的，小于0.05则表示不合理。第二个是序列相关检验，即Arellano-Bond AR（1）和Arellano-Bond AR（2）检验，原假设分别是模型的残差序列不存在一阶序列相关和二阶序列相关，AR（1）检验的p值一般小于5%，AR（2）检验的p值应大于5%，表示第二阶系列无相关的误差，说明模型是合理的。

三、模型估计结果

（一）普惠金融总体指数

笔者使用软件Stata进行系统GMM估计，指标ifi使用各省普惠金融的总体指数，估计结果如表5-19所示。

表5-19 普惠金融、包容性增长与贫困减缓关系

指标	系数	p值
Constant	0.6808	0.000
pov（-1）	0.5763	0.000
ifi	0.0143	0.031
igi	0.0295	0.000
gdp	0.3138	0.000
ig	-0.0275	0.018
cpi	-0.0718	0.000
arg	0.6071	0.000
Sargan检验	0.077	
AR（2）检验	0.862	

从表5-19中可以看出，模型能通过Sargan检验和AR（2）检验（p值大于0.05）。从模型的估计结果来看，贫困指标的滞后项高度显著，表明了贫困减缓具有较强的持续性；普惠金融、包容性增长都对贫困减缓起到了正向的作用，并且该影响是显著的；经济增长和农业增加值对贫困减缓同样是有显著的正向作用；而收入分配差距的扩大和通货膨胀率的提高对贫困减缓有显著的负向作用。

此外，参照叶志强、陈习定和张顺明（2011）的计算方法，可以计算出

自变量的累积系数和标准化系数：

累积系数=自变量系数/（1-因变量滞后项系数） (5-5)

标准化系数=（自变量标准差×自变量回归系数）/因变量标准差 (5-6)

因变量的标准差，在以 CPI 指数为标准将通货膨胀从贫困减缓中剔除之后，笔者计算出为 0.4991。从而可以计算出，在模型（5-4）中，考虑普惠金融对贫困减缓的累积作用，则普惠金融对贫困减缓的累积系数为 4.31%，此时的标准化系数为 14.69%，意味着普惠金融的变化解释了贫困减缓变化的 15%。同理，可计算出包容性增长对贫困减缓的累积系数为 7.11%，此时的标准化系数为 24.21%，包容性增长的变化可以解释贫困减缓变化的 24%。

(二) 普惠金融分维度指数

此处，指标 ifi 分别使用第五章第二节计算出来的普惠金融之宏观、银行、保险维度的指数，进行系统 GMM 估计，结果分别如表 5-20~表5-22所示。

表 5-20　普惠金融之宏观维度、包容性增长与贫困减缓关系

指标	系数	p 值
Constant	0.8180	0.000
pov（-1）	0.5850	0.000
ifi	0.0179	0.006
igi	0.0309	0.000
gdp	0.2963	0.000
ig	-0.0426	0.000
cpi	-0.0861	0.000
arg	0.6336	0.000
Sargan 检验	0.425	
AR（2）检验	0.811	

表 5-21　普惠金融之银行维度、包容性增长与贫困减缓关系

指标	系数	p 值
Constant	0.5759	0.000
pov（-1）	0.5847	0.000
ifi	0.0149	0.048

续表

指标	系数	p 值
igi	0.0323	0.000
gdp	0.3147	0.000
ig	-0.0266	0.023
cpi	-0.0731	0.000
arg	0.6808	0.000
Sargan 检验	0.082	
AR（2）检验	0.843	

表 5-22　普惠金融之保险维度、包容性增长与贫困减缓关系

指标	系数	p 值
Constant	0.7376	0.000
pov（-1）	0.6659	0.000
ifi	0.0111	0.008
igi	0.0252	0.000
gdp	0.2308	0.000
ig	-0.0230	0.007
cpi	-0.0803	0.000
arg	0.4236	0.000
Sargan 检验	0.090	
AR（2）检验	0.721	

从三个分维度的估计结果可以看出，贫困指标的滞后项同样是高度显著的，表明了贫困减缓具有较强的持续性；普惠金融各个维度指标、包容性增长都对贫困减缓起到了正向的作用，并且该影响是显著的；经济增长和农业增加值对贫困减缓具有显著的正向作用；收入分配差距的扩大和通货膨胀率的提高会对贫困减缓有显著的负向作用。

同样计算各个维度下模型（5-4）自变量的累积系数和标准化系数。宏观维度下累积系数为4.31%，此时标准化系数为14.57%；银行维度下累积系数为3.59%，此时标准化系数为10.06%；保险维度下累积系数为3.32%，此时标准化系数为13.06%。这意味着普惠金融宏观、银行、保险三个维度的变

化分别能够解释贫困减缓变化的 15%、10%、13%。

综上所述,普惠金融总体指数和分维度指数,都验证了普惠金融具有直接的贫困减缓作用,普惠金融总体指数的变化能够解释贫困减缓变化的 15%。同时,包容性增长的变化能够解释贫困减缓变化的 24%。贫困具有较强的持续性,发展普惠金融,促进包容性增长和经济增长,缩小收入分配的差距,都有利于贫困减缓。

第四节 普惠金融影响贫困减缓的作用机制分析

根据第三节的实证分析,普惠金融和包容性增长都能直接产生贫困减缓的作用,验证了第一节阐述的普惠金融对贫困减缓的直接作用机制,但普惠金融影响贫困减缓的间接作用机制还有待考察。笔者分别以包容性增长、经济增长和收入分配为因变量,对相关面板数据同样采用系统 GMM 进行回归估计,估计结果如表 5-23 所示。

表 5-23 普惠金融、包容性增长与贫困减缓关系

自变量＼因变量	igi	gdp	ig
ifi	0.3154 (0.009)	0.0578 (0.027)	-0.0268 (0.046)
igi	—	0.1074 (0.097)	-0.0624 (0.003)
gdp	0.1109 (0.000)	—	-0.1403 (0.000)
ig	-0.3520 (0.000)	-0.0737 (0.355)	—
cpi	-0.0411 (0.813)	-0.2092 (0.000)	0.1201 (0.000)
arg	-1.0950 (0.133)	-5.9794 (0.015)	-0.6126 (0.000)

第五章 普惠金融对贫困减缓的影响分析

续表

自变量 \ 因变量	igi	gdp	ig
Sargan 检验	0.249	0.153	0.073
AR（2）检验	0.298	0.867	0.321

注：括号内为各统计量的 p 值。

从估计结果可以看出，第一，普惠金融和经济增长都会促进包容性增长，而收入分配差距的扩大会阻碍包容性增长，并且这些影响都是显著的；第二，普惠金融和包容性增长都能显著地促进经济增长，收入分配对经济增长的负面影响不显著；第三，普惠金融、包容性增长和经济增长都能有效地抑制收入分配差距的扩大。以上结论和前人的大部分实证结论也是一致的。

整理表 5-19 和表 5-23 的结果，可以得出普惠金融对贫困减缓的作用渠道符号，如表 5-24 所示，并绘制出普惠金融影响贫困减缓的作用机制（见图 5-1）。

表 5-24　普惠金融对贫困减缓作用渠道估计

因变量	自变量	符号及显著性	来源
贫困减缓	普惠金融	＋**	表 5-19
	包容性增长	＋***	
	经济增长	＋***	
	收入分配	－**	
包容性增长	普惠金融	＋***	
	经济增长	＋***	
	收入分配	－***	
经济增长	普惠金融	＋**	表 5-23
	包容性增长	＋*	
	收入分配	－	
收入分配	普惠金融	－**	
	包容性增长	－***	
	经济增长	－***	

注：***、** 和 * 分别表示在 1%、5% 和 10% 的水平下显著。＋、－代表自变量回归系数的符号分别为正、负。

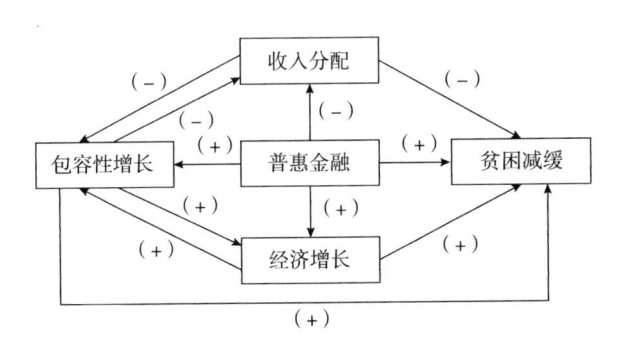

图 5-1　普惠金融影响贫困减缓的作用机制

注：+代表正向作用，-代表负向作用。

从以上普惠金融影响贫困减缓的作用机制中可以看出，首先，普惠金融对贫困减缓具有直接正向的作用；其次，普惠金融通过包容性增长渠道，会促进包容性增长的发展，从而起到贫困减缓的作用；再次，普惠金融通过经济增长渠道，会促进经济增长，减缓贫困；最后，普惠金融通过收入分配渠道，能够减少收入分配的差距，从而减缓贫困。

从上述作用机制中我们可以看出，普惠金融对贫困减缓的作用不仅具有统计意义，还具有一定的经济意义。普惠金融对贫困减缓的直接作用机制，以及通过包容性增长的间接作用机制，在本章第一节都有阐述。至于经济增长和收入分配渠道，由于不是本书的研究重点，在此就不再阐释。

第六章
理论研究结论、建议与展望

一、研究结论

本书的理论研究以普惠金融为研究重点,结合包容性增长,最终将贫困减缓作为落脚点。在文献综述的基础上,本书首先分析了普惠金融的理论基础与可持续性;其次,从国际视野、我国的发展历程、区域特征三个层次,分别构建普惠金融评价体系,进行比较分析,并借此分析普惠金融的影响因素;再次,测算我国各省份2005~2013年的普惠金融指数和包容性增长指数;最后,检验普惠金融对贫困减缓的影响,考察包容性增长在其中的作用,并探讨普惠金融对贫困减缓的作用机制。

关于普惠金融的发展,本书的理论研究得出如下四个结论:

第一,关于普惠金融的可持续性,本书通过无限次博弈模型分析,得出要实现小额信贷的可持续发展、农户在重复博弈中一直选择遵守约定,需要满足一定的条件。长期来看,提高农户生产投资回报率,降低申请贷款成本和贷款利率,将有助于该条件实现。同时,尽可能地提高贷款金额激励系数,以及努力提高农户的还款意愿,也将有利于该条件的实现。模型中假设了一个"苛刻的银行"和一个"仁慈的银行",在现实生活中银行可以依据实际情况进行不同的设定。

第二,在国际视野下,我国普惠金融指数的排名在样本国家中处于前列,与排名更靠前的国家相比,我国普惠金融的主要不足在服务范围方面(特别是人口维度的ATM数量、人口维度的商业银行分支机构数量,以及地理和人口维度上的保险公司数量较少),该问题大部分可以归因于我国的地域广阔和人口众多。同时,我国保险市场较为落后,有待发展。

第三,聚焦国内,我国的普惠金融在2005~2013年得到了较好的发展。对2013年我国各省份的普惠金融发展指数进行排名,可以看出普惠金融指数的排名和各个省份的经济发达程度及金融发展程度是息息相关的,但例外的是,上海市和北京市在新型金融机构维度中排名靠后。

第四，关于普惠金融发展的影响因素，人均GDP（代表经济发展与居民收入水平）、第三产业贡献率（代表产业格局）及交通密集度（代表交通便利程度）都对普惠金融的发展有着显著的正向影响；平均受教育年限（代表居民文化程度）虽然对普惠金融总体指数没有显著的影响，但是对普惠金融之保险维度有着显著的正向影响。未来互联网金融的发展也将对普惠金融产生重要的影响。

关于普惠金融的贫困减缓作用，本书理论部分得出如下三个结论：

第一，普惠金融是有利于贫困减缓的，普惠金融总体指数的变化可以解释贫困减缓变化的15%，普惠金融宏观、银行、保险三个维度指数的变化分别能够解释贫困减缓变化的15%、10%、13%。

第二，除了直接作用于贫困减缓外，普惠金融还通过包容性增长间接作用于贫困减缓。普惠金融对包容性增长会起到促进作用，而包容性增长的变化能够解释贫困减缓变化的24%。此外，普惠金融还可通过促进经济增长、缩小收入分配差距，间接起到贫困减缓作用。普惠金融对贫困减缓的作用不仅具有统计意义，还具有一定的经济意义。

第三，关于减缓贫困，贫困指标的滞后项高度显著，表明了贫困减缓具有较强的持续性；除了上述普惠金融、包容性增长、经济增长会对贫困减缓起到正向作用，收入分配会起到负向作用外，农业增加值的提高有利于贫困减缓，而通货膨胀率的提高则会对贫困减缓有负向作用。

二、政策建议

相对应地，本书的理论研究部分从以下两个方面提出政策建议，一是普惠金融体系的发展问题，二是普惠金融的贫困减缓作用。

关于如何促进普惠金融体系的发展笔者有以下四点建议：

第一，在小额贷款的无限次博弈模型中，银行降低贷款利率和农户申请贷款的成本，将有利于小额信贷的可持续发展。同时，银行可以采取"递增贷款"的信贷激励安排，提高贷款金额激励系数，鼓励农户信用积累，双方形成良好合作关系。当农户出现不能完全还款的情况时，银行可以根据农户的信用积累情况，决定是否采取"触发策略"（停止贷款），或者依据农户的还款比例（还款意愿）来决定下一期的贷款量。

第二，通过普惠金融的国际比较，笔者得出我国普惠金融的主要不足在服务范围方面（特别是人口维度的ATM数量、人口维度的商业银行分支机构数量，以及地理和人口维度上的保险公司数量较少），同时我国保险市场也较为落后。因此，我国一方面要加强基础设施和电子化金融服务渠道建设，除了文中提及的商业银行分支机构和ATM，还包括支付、征信等方面；另一方面要加大保险市场的发展力度，充分发挥保险的保障作用。

第三，普惠金融在我国国内的发展具有一定的区域特征，经济增长和金融发展较不发达的省份，其普惠金融程度也较低，但是这也给予以村镇银行和小额贷款公司为代表的新型金融机构广阔的发展空间，应大力发展这类微型金融机构，使其成为正规金融体系的重要补充，服务广大的贫困人口和小微企业，减缓贫困；在经济增长和金融发展较发达的省份（如北京市和上海市），其普惠金融程度高，金融市场的竞争程度也较高，微型金融机构较难有生存空间，因此这些省份主要还应依托正规金融体系扩大服务范围，惠及弱势群体。

第四，在普惠金融外部，利用经济和社会各方面的因素，协同推进普惠金融的发展。首先，促进经济增长，提高居民收入水平，提升其经济地位，直接减少被金融排斥的人群，为普惠金融目标提供良好的经济基础；其次，提高第三产业贡献率，加快产业格局的升级转型，对于普惠金融的发展也有促进作用；再次，加强道路等交通设施的建设，提高人们接触金融服务的交通便利程度，这一点在交通落后的偏远地区的效果应该更为明显；最后，提高居民受教育程度及居民总体素质，促进其形成金融和保险的意识，从而促进普惠金融体系的发展。

关于如何发展普惠金融以减缓贫困笔者有以下五点建议：

第一，贫困具有较强的持续性，贫困减缓是一场攻坚战。普惠金融具有直接的贫困减缓作用，但同时也有其他因素作用于贫困减缓，我们应当正确看待普惠金融减缓贫困的作用，既不夸大也不缩小。

第二，要识别普惠金融的服务群体。普惠金融不同于财政扶贫，普惠金融主要关注的服务对象不同于财政扶贫的对象——绝对贫困或者赤贫群体。针对赤贫人口，政府的福利项目为急需帮助的他们提供基本生活保障，通过福利项目对接微型金融，赤贫人口也可以成为金融客户。因此，要识别普惠金融的服务群体，针对不同群体的金融需要采取不同形式的金融供给，实现普惠金融减缓贫困的效益最大化。

第三，政府应起到引导和支持普惠金融发展的作用。发展普惠金融，减缓贫困，有利于全面建成小康社会。在普惠金融发展初期，政府应当加大对微型金融机构的扶持力度，有序扩大其准入，引导其规范化运作，将风险控制在合理可控的水平，同时防止其发生目标偏移，使其真正服务于贫困人群和小微企业，发挥直接有效的减贫效应。对于占据中国绝大部分金融资源的正规金融体系，政府应引导和鼓励其扩大服务范围，对贫困人群和小微企业增加金融服务供应量；对于非正规金融，政府应积极引导民间资本阳光化，鼓励其参股或控股微型金融机构等，促进其规范合法化运作，以发挥贫困减缓的作用。此外，政府还应当发挥主导作用来优化普惠金融生态环境，完善区域信用评价体系，努力推进社会信用建设，以减少信息不对称给金融机构带来的成本，帮助贫困人群和小微企业获得金融服务。

第四，金融机构应给予积极配合。金融机构从观念上应该摒弃"嫌贫爱富"的观念，意识到发展微型金融也可以盈利并且收获颇丰。在业务上，金融机构应当创新金融产品，除了小额信贷之外，提供如保险、结算、担保、咨询以及金融教育等综合金融服务；创新服务方式，改善贫困地区金融服务水平，重视金融服务对周边未设立金融机构地区的辐射作用，加强金融知识的宣传和信用环境的培育，充分发挥其对金融空白地区的金融服务的作用，消除基础金融服务空白乡镇，以实现普惠金融的减贫效应。

第五，应充分发挥包容性增长减缓贫困的间接效应。普惠金融通过促进包容性增长，可以起到贫困减缓的作用，而包容性增长还可促进经济增长、缩小收入分配差距，从而提高穷人的生活水平，有利于中国经济和社会的可持续化发展。因此，应制定相关政策促进普惠金融与包容性增长的协调发展，推动金融、经济与社会的和谐发展，以有效地发挥这一作用机制。

三、未来展望

第一，普惠金融评价体系的扩展与完善。普惠金融评价体系的构建是一个备受争议的话题，大家心目中有一个普惠金融"理想的样子"，但是笔者在构建普惠金融评价体系的时候却只能从现实数据的可得性出发，受到了诸多数据方面的限制。理想和现实的差距，笔者尽量弥补，从国际视野、我国发展历程和各省区域特征三个层次进行考察和展示，但是做出的结果和理想仍有一段差距。待未来数据充分，应该加入年限更长的新型金融机构的指标及互联网金融的相关指标。此外，书中的指标多数从宏观层面或者金融机构的角度出发（除了在国际考察的实证二中有加入微观层面的指标），未来可以考虑加入更多的微观层面（个人、家庭和企业）的指标。同时，对构建出来的普惠金融体系也可以尝试用其他方法计算普惠金融指数。

第二，贫困减缓的界定。本书进行实证检验受省级数据的限制，只能选用"居民消费水平"来代表贫困减缓。事实上，贫困的概念涉及绝对贫困和相对贫困、贫困深度和贫困广度等，可以界定为物质贫困和非物质（如能力）

贫困，也可以从城镇和农村两个角度对贫困减缓进行研究。未来可以从这些角度更全面地了解普惠金融对贫困减缓的作用机制。

第三，普惠金融对贫困减缓其他作用机制的检验。本书在理论中重点阐述了普惠金融对贫困减缓的直接作用机制和通过包容性增长的间接作用机制，在实证中验证了普惠金融对贫困减缓的四种作用机制（包括理论中所述的两种作用机制），其他作用机制也同样是值得探讨和检验的。同时，本书的角度较为宏观，未来可以尝试从微观角度来探讨普惠金融对贫困减缓的作用机制，如考察个人、家庭、企业获得和使用金融服务的情况，使用保险服务来应对意外冲击的效果，从而对贫困减缓产生的影响。

总之，普惠金融是一个较新的研究领域，尚有许多有待开发和挖掘的内容，同时普惠金融对贫困减缓的作用非常具有现实意义，值得我们去深入地研究。期望本书的理论部分能为他人研究普惠金融奠定理论基础，也为我国普惠金融发展的政策制定提供参考和启示。

实践篇 — 下 篇

第七章

云南边疆民族地区贫困及金融接触状况
——基于需求方的调研

完成理论研究之后，恰逢国务院印发《推进普惠金融发展规划（2016—2020年）》及中共中央、国务院作出打赢脱贫攻坚战的决定，于是笔者开始就普惠金融减缓贫困这一问题展开实践中的探索。云南省集边疆、民族、山区、革命老区为一体，边疆民族地区社会经济发展缓慢，灾害频发，贫困问题尤为突出。笔者以云南边疆民族地区为例，展开以下四章的实践研究。

第七章从需求方，即普惠金融服务对象的角度，展开相关调研。首先，在第一节中界定项目研究的"云南边疆民族地区"，为云南省八个边疆州、市（分别简称：怒江州、保山市、德宏州、临沧市、普洱市、西双版纳州、红河州、文山州）；其次，在第二节中笔者通过统计数据，对云南边疆民族地区的总体状况进行把握；再次，笔者及相关成员利用寒暑假时间，走访云南八个边疆州、市其中的六个州、市，在当地村委会工作人员的带领下，对贫困人群进行问卷调查，形成本章第三节和第四节的内容；又次，笔者注意到云南省存在"直过民族"[①]这一特殊群体，"直过民族"的脱贫攻坚，事关云南省"民族团结进步示范区"的建设，事关边疆稳固，是打赢脱贫攻坚战的重中之重、难中之难，因此笔者基于对普洱市澜沧县的调研，形成了本章第五节内容；最后，基于上述走访调研，笔者在第六节中对云南省边疆民族地区贫困人群的经济、生活和心理行为特征进行了归纳。

第一节 关于云南边疆民族地区的界定

关于边疆地区的界定，参考刘明广（2015）对中国边疆地区的界定，认

[①] "直过民族"特指新中国成立后，未经民主改革，直接由原始社会跨越几种社会形态过渡到社会主义社会的民族。

第七章 云南边疆民族地区贫困及金融接触状况——基于需求方的调研

为中国边疆地区有狭义的边疆、中观意义的边疆和广义上的边疆,边境县及新疆生产建设兵团的边疆团场等属于狭义边疆;与边疆相邻的地市级行政区域,即边境市、自治州等属于中观意义上的边疆地区;与边界相邻的省级行政区域,如省、自治区等,是广义的边疆。

根据上述概念,同时参照云南政区地图及云南省人民政府办公厅印发的《云南省沿边开放经济带发展规划(2016—2020年)》① 中的界定,笔者认为:从广义的概念来说,云南省是中国的边疆省份;从中观层面来说,云南省与边境相邻的地市级行政区域属于边疆地区,即云南省有八个自治州/地级市属于边疆地区,以下称其为边疆州、市;从狭义的概念来说,云南省有25个边境县、市,具体如表7-1所示。

表7-1 云南省八个边疆州、市及25个边境县、市

边疆州、市	边境县、市
怒江傈僳族自治州	泸水市、福贡县、贡山县*
保山市	腾冲市、龙陵县
德宏傣族景颇族自治州	芒市、瑞丽市、盈江县、陇川县
临沧市	镇康县、耿马县*、沧源县*
普洱市	江城县*、孟连县*、澜沧县*、西盟县*
西双版纳傣族自治州	景洪市、勐海县、勐腊县
红河哈尼族彝族自治州	金平县*、绿春县、河口县*
文山壮族苗族自治州	麻栗坡县、马关县、富宁县

注:表中*所列的为少数民族自治县的简称。

结合实际情况,笔者在研究中选择了中观意义上的边疆概念,将云南边疆地区认定为八个边疆州、市,下文将其分别简称为怒江州、保山市、德宏州、临沧市、普洱市、西双版纳州、红河州、文山州。

同时,笔者依据《2018云南统计年鉴》中的"表15-3 全省各民族人口数(2017年)"及"表17-3 云南少数民族分布的主要地方"整理云南省少数民族人口数及分布的主要地方(见表7-2),并在表中对八个边境州、市用阴影突出标识。由表7-2可以看出,云南省的少数民族在八个边疆州、市分布广泛,

---

① 2016年12月,云南省人民政府办公厅印发《云南省沿边开放经济带发展规划(2016—2020年)》(云政办发〔2016〕142号),旨在推动沿边地区联动内外、协作发展,提升开放发展能力和水平,促进形成新的经济增长带,完善云南省对外开放和区域发展格局。

因此笔者进一步将"云南边疆民族地区"界定为上述八个边疆州、市。在下文中,笔者在有需要的地方用阴影对边疆州、市或边疆县、市进行了标识。

表7-2 云南省少数民族人口数及分布的主要地方

民族	人口数(万人)	分布的主要地方(州、市)
彝族	528.71	楚雄州、红河州、玉溪市、大理州、普洱市、昆明市
白族	164.12	大理州
哈尼族	170.90	红河州、西双版纳州、普洱市、玉溪市
壮族	127.45	文山州、红河州、曲靖市
傣族	128.25	西双版纳州、德宏州、普洱市、临沧市
苗族	126.14	文山州、红河州、昭通市
傈僳族	70.09	怒江州、迪庆州、丽江市、大理州
回族	73.23	昆明市、大理州、曲靖市、楚雄州、红河州、玉溪市
拉祜族	49.82	普洱市、临沧市、西双版纳州
佤族	42.04	临沧市、普洱市
纳西族	32.50	丽江市、迪庆州
瑶族	23.06	文山州、红河州
藏族	14.92	迪庆州
景颇族	14.99	德宏州
布朗族	12.23	西双版纳州、普洱市、临沧市
布依族	6.17	曲靖市
普米族	4.41	丽江市、怒江州、迪庆州
怒族	3.34	怒江州
阿昌族	3.99	德宏州、保山市
基诺族	2.39	西双版纳州
德昂族	2.12	德宏州、临沧市
蒙古族	2.37	玉溪市
水族	0.93	曲靖市
独龙族	0.67	怒江州

资料来源:《2018云南统计年鉴》。

第二节 云南边疆民族地区的总体状况

一、面积、人口、生产总值和存贷款余额

依据第一节对"云南边疆民族地区"的界定，为了解云南省八个边疆州、市的总体状况，笔者收集《2018云南统计年鉴》中的有关数据，比较云南省八个边疆州、市与云南省平均水平的差异，得到云南省八个边疆、市2017年部分统计数据的绝对值（见表7-3）和相对值（见表7-4）。

表7-3 2017年云南省八个边疆州、市部分统计数据（绝对值）

边疆州、市	国土面积（万公顷）	总人口（万人）	生产总值（亿元）	最终消费①（亿元）	各项存款余额（亿元）	各项贷款余额（亿元）
怒江州	145.49	54.70	141.50	61.23	226.79	126.60
保山市	190.92	261.40	678.95	395.45	1111.56	691.12
德宏州	111.69	130.90	356.97	214.08	628.90	436.23
临沧市	236.60	252.50	604.06	340.54	605.03	485.40
普洱市	442.98	262.70	624.59	434.49	914.16	684.53
西双版纳州	191.06	118.00	393.84	210.92	647.14	372.86
红河州	321.80	471.30	1478.57	619.54	2026.57	1255.19
文山州	314.74	363.60	809.11	492.37	1117.23	747.30
全省	3832.84	4800.50	16376.34	8211.55	29963.85	25398.93
占全省比	0.51	0.40	0.31	0.34	0.24	0.19

资料来源：《2017云南统计年鉴》《2018云南统计年鉴》。

---

① "最终消费"为2016年的数据，因为《2017云南统计年鉴》中的"表2-9 各州、市最终消费及构成（2016年）"在《2018云南统计年鉴》中未公布，同时《2017云南统计年鉴》中表2-9备注：由于省、州（市）分级核算，各州（市）数相加不等于全省数。为了具有可比性，表7-3中"最终消费"全省数据为各州、市数据相加而得。

表 7-4　2017 年云南省八个边疆州、市部分统计数据（相对值）

边疆州、市	人口密度（人/平方千米）	城镇化率（%）	人均 GDP（元/人）	人均消费（元/人）	人均存款余额（元/人）	人均贷款余额（元/人）
怒江州	37.25	31.73	25940	11193.78	41460.69	23144.42
保山市	133.13	35.68	26058	15128.16	42523.34	26439.17
德宏州	113.53	45.23	27427	16354.47	48044.31	33325.44
临沧市	103.19	40.75	23942	13481.39	23952.10	19216.15
普洱市	57.85	42.31	23821	16539.40	34798.63	26057.48
西双版纳州	59.93	46.85	33490	17874.58	54842.37	31598.31
红河州	143.10	46.74	31479	13145.34	42999.58	26632.51
文山州	112.82	40.81	22299	13541.53	30726.90	20552.81
八个边疆州、市平均值	95.10	41.26	26807	14657.33	39918.49	25870.79
全省平均值	121.80	46.69	34221	17105.61	62418.19	52908.93

资料来源：《2018 云南统计年鉴》。

由表 7-3 可以看出，边疆八个州、市拥有占云南省 51% 的国土面积、40% 的总人口、31% 的生产总值，最终消费占比 34%，各项存款和贷款余额占比分别为 24% 和 19%。

通过表 7-4 可以观察出，八个边疆州、市的人口密度、城镇化率、最终消费的均值低于云南省平均水平，每个州、市的人均 GDP、人均存款余额、人均贷款余额皆低于云南省平均水平。可见，总体上边疆八个州、市的经济和金融发展水平都是较为落后的。

二、产业结构和城乡居民收入

接下来为了掌握更多信息，笔者进一步查阅云南省各州、市《2016 年国民经济和社会发展统计公报》[①] 中的有关数据，整理出云南省八个边疆州和城乡居民收入状况（见表 7-5）。

---

① 截至 2019 年 1 月，云南省统计局网站未公布各州、市《2017 年国民经济和社会发展统计公报》，最新的只有各州、市《2016 年国民经济和社会发展统计公报》。

表7-5　2016年云南省八个边疆州、市产业结构和城乡居民收入状况

边疆州、市	第一产业比重（%）	第二产业比重（%）	第三产业比重（%）	城镇常住居民人均可支配收入（元）	农村常住居民人均可支配收入（元）
怒江州	15.8	30.0	54.2	20721	5299
保山市	24.7	34.9	40.4	27801	9426
德宏州	24.3	24.6	51.1	24943	8659
临沧市	28.1	33.7	38.2	23072	8914
普洱市	26.8	34.5	38.7	24795	8669
西双版纳州	25.2	26.9	47.9	25233	11049
红河州	16.0	45.2	38.8	28342	9449
文山州	21.1	35.7	43.2	25778	8403
八个边疆州、市平均值	22.8	33.3	44.1	25086	8734
全省平均值	14.8	39.0	46.2	28611	9020
全国平均值	8.6	39.8	51.6	33616	12363

资料来源：云南省及各州、市的2016年《国民经济和社会发展统计公报》。

由表7-5可以看出，"第一产业比重"这一指标八个边疆州、市平均值>云南省平均值>全国平均值，第二、第三产业比重则反之；无论是城镇还是农村，常住居民人均可支配收入，八个边疆州、市平均值皆低于云南省平均值，更低于全国平均值。这说明，云南省边疆地区在产业结构上更加依赖第一产业，转型升级比较缓慢；边疆地区城镇和农村居民的收入较低，特别是在深度贫困地区[①]这一现象更加突出，如怒江州的城镇和农村常住居民人均可支配收入只有全省平均水平的72%和59%，只有全国平均水平的62%和43%。

三、交通和通信

笔者进一步查阅云南省各州、市《2016年国民经济和社会发展统计公报》中的有关数据，整理出云南省八个边疆州、市2016年交通及通信情况（见表7-6）。

[①] 2017年中共中央办公厅、国务院办公厅印发《关于支持深度贫困地区脱贫攻坚的实施意见》，指出西藏、四省藏区、新疆南疆四地州和四川凉山州、云南怒江州、甘肃临夏州（"三区三州"），以及贫困发生率超过18%的贫困县和贫困发生率超过20%的贫困村，自然条件差、经济基础弱、贫困程度深，是脱贫攻坚中的"硬骨头"，补齐这些"短板"是脱贫攻坚决战决胜的关键之策。

表7-6 2016年云南省八个边疆州、市交通及通信情况

边疆州、市	公路通车里程/国土面积（公里/公顷）	移动电话用户/总人口（户/人）	固定互联网宽带接入用户/总人口（户/人）
怒江州	0.0039	0.75	0.08
保山市	0.0071	0.79	0.11
德宏州	0.0073	1.09	0.18
临沧市	0.0069	0.79	0.14
普洱市	0.0046	1.00	0.09
西双版纳州	0.0046	0.88	0.20
红河州	0.0071	0.76	0.12
文山州	0.0051	0.81	0.09
八个边疆州、市平均值	0.0058	0.86	0.13
全省平均值	0.0060	0.82	0.14
全国平均值	0.0049	0.96	0.21

资料来源：云南省及各州、市的《2016年国民经济和社会发展统计公报》。

表7-6反映了边疆地区在交通和通信方面的状况，可以看出，在公路这一交通基础设施方面，"公路通车里程/国土面积"这一指标八个边疆州、市略微小于云南省平均水平；通信方面，八个边疆州、市移动电话用户占总人口的比值略微大于云南省平均水平、低于全国平均水平，固定互联网宽带接入用户占总人口的比值略微小于云南省平均水平、明显低于全国平均水平。这说明，八个边疆州、市在交通和通信方面和云南省平均水平差异不大，但是移动电话和固定互联网宽带接入方面均和全国有较大差距。同时，笔者观察到，在深度贫困地区怒江州，上述三个指标皆是最低值，只有全省平均水平的65%、91%、59%，只有全国平均水平的80%、78%、37%。

四、教育情况

笔者进一步查阅云南省各州、市《2016年国民经济和社会发展统计公报》中的有关数据，整理出云南省八个边疆州、市2016年居民受教育的情况（见表7-7）。

第七章 云南边疆民族地区贫困及金融接触状况——基于需求方的调研

表7-7　2016年云南省八个边疆州、市居民受教育情况

边疆州、市	小学学龄儿童入学率（%）	初中毛入学率（%）	高中毛入学率（%）	每万人中在校生人数（人）
怒江州	99.55	100.00	50.05	1382.08
保山市	99.97	108.59	86.40	1747.51
德宏州	99.72	112.95	73.70	1867.07
临沧市	99.78	103.48	57.21	1528.50
普洱市	99.87	109.00	70.03	1435.10
西双版纳州	99.75	113.10	63.39	1599.15
红河州	99.58	100.59	72.10	1789.09
文山州	99.70	101.20	59.10	1639.16
八个边疆州、市平均值	99.74	106.11	66.50	1623.46
全省平均值	99.73	106.91	82.60	1932.01
全国平均值	99.90	104.00	87.50	1848.91

资料来源：云南省及各州、市的《2016年国民经济和社会发展统计公报》。

从表7-7可以看出，受教育方面，在九年义务教育阶段，"小学学龄儿童入学率"和"初中毛入学率"[①]这两个指标所反映出来的差异并不大；"高中毛入学率"反映出八个边疆州、市明显低于全省水平，低于全国水平，特别是怒江州、临沧市和文山州这几个州、市的"高中毛入学率"较低；各教学层次的在校生人数占总人数的比重，八个边疆州、市也明显低于全省水平。同时，笔者观察到，表7-7反映出的受教育水平的四个指标，怒江州皆是最低值，这也是为什么怒江州从2017年开始全面实施14年免费教育政策[②]的原因。

[①] 毛入学率，指某学年度某级教育在校生数占相应学龄人口总数比例，标志教育相对规模和教育机会，是衡量教育发展水平的重要指标。"毛入学率"并不是粗略计算的意思，而是指公式中计算分子在学人数时，不考虑学生的年龄大小（指某一级教育的在校生人数与符合官方为该级教育所规定之年龄的总人口之比）。

[②] 2017年4月怒江州人民政府办公室发布《怒江州14年免费教育实施细则》，自2016年秋季学期开始执行，实施目标为：通过全面实施14年免费教育（学前2年、义务教育9年、高中3年），切实提高各阶段教育的入学率和巩固率，杜绝因贫辍学现象。除了免费教育之外，还对家庭经济困难的在校学生适度补助生活费。学前2年和普通高中3年的免费资金和生活费补助资金全部由省级财政承担。

五、小结

本节从统计数据的角度出发，试图对云南省边疆民族地区的总体状况有所掌握。从总量上来看，云南省边疆八个州、市，拥有占云南省51%的国土面积、40%的总人口、31%的生产总值，最终消费占比34%，各项存款和贷款余额占比分别为24%和19%。从相对值来看，云南省边疆八个州、市的人口密度、城镇化率的均值低于云南省平均水平，人均的最终消费、GDP、存款余额、贷款余额皆低于云南省平均水平。在产业结构和收入方面，边疆地区更加依赖第一产业，城镇和农村居民的人均可支配收入较低；交通和通信方面和云南省平均水平差异不大，但是移动电话和固定互联网宽带接入方面都和全国有较大差距；在受教育方面，九年义务教育阶段差异不大，但是高中阶段的入学率及各教学层次的在校生人数都明显低于全省平均水平。同时，深度贫困地区怒江州在上述方面都体现出了明显的劣势，要补齐这些"短板"，可谓任重而道远。

第三节 云南边疆民族地区贫困状况

笔者及相关成员利用2016年的寒暑假时间，走访云南八个边疆州、市其中的六个州、市进行问卷调查，分别为：文山州（广南县者兔乡）、红河州（开远市大庄乡龙潭村、个旧市卡房镇）、西双版纳州（勐海县勐遮镇曼令村曼令寨）、临沧市（凤庆县凤山镇、小湾镇）、德宏州（陇川县户撒乡、梁河县大厂乡、河西乡）、保山市（腾冲县芒棒乡）。

因为课题研究所需，问卷的受访者为贫困人群（多数是农村建档立卡户），这一群体普遍文化程度较低，因此采取"村委会工作人员带领入户、调查者提问、受访者回答、调查者记录和勾选答案"的访问式调查法。问卷的设计，参考了时任红河州开远市大庄回族乡政府副乡长李涵提供的《开远市2015年建档立卡动态管理及2016年度"挂包帮、转走访"回访贫困户问卷》，后又征求了李涵及时任广西壮族自治区凌云县伶站瑶族乡陶化村第一书记孙涛博士的修改意见，确保问卷设计贴合贫困人群的实际情况。问卷具体内容见附录。问卷调查结束后剔除家庭年人均纯收入不符合贫困标准的样本（依据我国贫困标准，2015年为家庭年人均纯收入2800元，2016年按照购买力平价贫困线调整约为 3000 元），得到有效样本共计 200 份。本章第二节从贫困状况、第三节从金融接触状况，分别来阐述问卷调查结果。

一、基本信息

（一）性别、民族、年龄及文化水平

200 份问卷中，受访者男性所占的比例为 57.50%，女性所占的比例为 42.50%。民族除去汉族外，有彝族、壮族、苗族、回族、景颇族、阿昌族、布朗族、佤族共计八个少数民族。年龄分布：18~25 岁的占比 14%，26~40 岁的占比 21%，41~55 岁的占比 37.5%，56 岁及以上的占比 27.5%，可见农村贫困人口中，中老年人占比较大。200 位受访者中，从未上过学的占受访者总人数 18.5%，小学毕业的占 46%，初中毕业的 30%，高中及以上的占比 5.5%，可见文化水平普遍偏低。

（二）收入水平

家庭年均收入在 3000 元及以下的占比 23%，家庭年均收入在 3000~10000 元的占比 53.5%，家庭年均收入在 10000~20000 元的占比 22.5%，家庭年均收入在 20000 元以上的占比 1%。受访者中家庭常住人口 1~2 人的占 18.5%，3~4 人的占 52.5%，5~6 人的占 26.5%，7 人及以上的占 2.5%。上述两个情况结合起来考虑，家庭年人均纯收入在 2000 元以下的占比 40%，家庭年人均纯收入在 2000~3000 元的占比 60%，家庭年人均纯收入超过 3000 元的样本已被剔除。

（三）劳动力、职业及收入来源

受访者家庭常住人口中没有劳动力的占比 13.5%，劳动力为 1~2 人的占比 68%，3~4 人的占比 18%，5 人及以上的占比 0.5%。家庭劳动力人口从事的职业（存在多选的情况）方面：农业 177 人，打零工的 62 人，稳定务工的 14 人，个体工商户 4 人，从事其他职业的共 1 人。家庭纯收入来源（多选）方面：166 人选择了来自"种植业、养殖业、手工业及其他生产性收入"，65 人选择了"自供自给的实物（以市场价格折算）收入"，63 人选择了"政策性收入"（最低生活保障金、退耕还林、库区补助等），以及 45 人选择了"社会服务业外出务工劳务收入"。

二、致贫原因

关于家庭困难的主要原因（多选），200 位受访者选择的是：因病（93 人）、缺技术（79 人）、缺资金（72 人）、缺劳动力（70 人）、因学（65 人）、缺土地（60 人）、自身发展动力不足（43 人）、因残（35 人）、交通落后（24 人）、因灾（14 人）、缺水（6 人）。

三、脱贫意愿

在 200 位受访者中，51% 的受访者脱贫意愿"非常强烈，十分渴望改变生活状况"，34.5% 的受访者脱贫意愿"较强烈，希望能有所改变"，14% 的受访者脱贫意愿"一般，有改变的话最好，没有也无所谓"，0.5% 的受访者"不愿成为扶贫对象，虽然物质贫困，但精神富裕"。

脱贫意愿在政府扶贫工作的实际开展中是一项重要的考虑因素。在走访红河哈尼族彝族自治州开远市大庄乡龙潭村的过程中，村委会工作人员（同时也是大学生村官）栾飞说，村里有一位贫困的男性青年，身体不残疾没有疾病，政府给安排较为轻松的工作（浇花水），他都不愿意去做，整天在家里闲着不愿意干活。换言之，我们不得不承认，一小部分贫困人群之所以贫困，不是由客观条件所造成的，而是其主观上不愿意付出努力，只想等待政府的救助。因此，识别出贫困人群的脱贫意愿，是政府实际开展扶贫工作的一个重要环节。

四、小结

通过对贫困状况的调查可以发现，云南边疆民族地区的贫困人群中，中老年人占比较大，文化水平普遍偏低。200 位受访的贫困者中（依据我国贫困标准，2015 年为家庭年人均纯收入 2800 元，2016 年按照购买力平价贫困线约为 3000 元），家庭年人均纯收入在 2000 元以下的占比 40%，可见贫困程度不容乐观。受访者家庭收入主要来源于种植业、养殖业、手工业及其他生产性收入和政策性收入（最低生活保障金、退耕还林、库区补助等）。家庭贫困的前七位原因是：因病、缺技术、缺资金、缺劳动力、因学、缺土地、自身发展动力不足。85.5% 的受访者脱贫意愿强烈，愿意为了脱贫而努力工作。

第四节　云南边疆民族地区金融接触状况

一、金融基础设施

当被问到知道村镇周边有哪些金融机构时，95.50%的受访者表示知道农村信用社，有50%的人知道邮政储蓄银行，但他们对股份制商业银行、城商行、小额贷款公司了解都非常少，具体如图7-1所示。

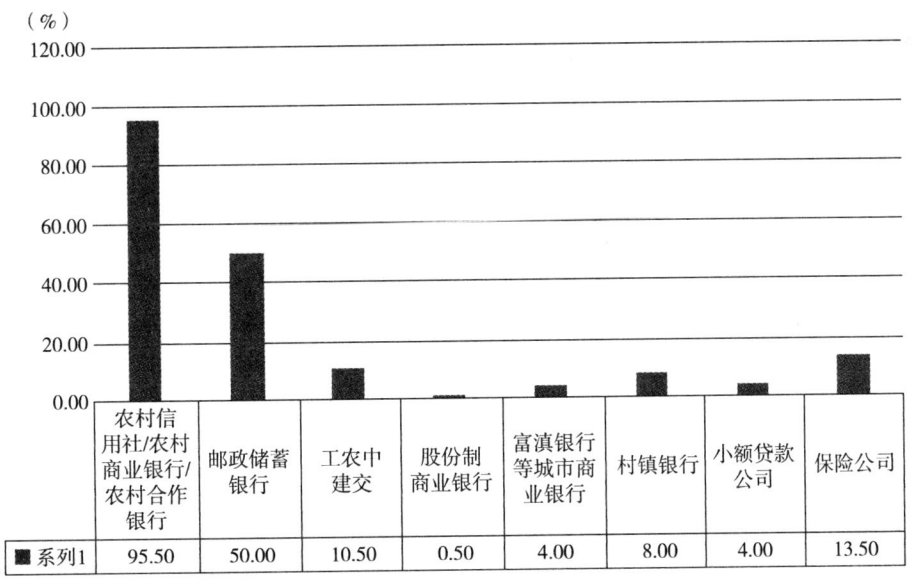

	农村信用社/农村商业银行/农村合作银行	邮政储蓄银行	工农中建交	股份制商业银行	富滇银行等城市商业银行	村镇银行	小额贷款公司	保险公司
系列1	95.50	50.00	10.50	0.50	4.00	8.00	4.00	13.50

注："工农中建交"为中国工商银行、中国农业银行、中国银行、中国建设银行、交通银行的简称。

图7-1　受访者对金融机构的知晓情况

大部分受访者只办理过存款、取款等简单的金融业务，对于保险和转账汇款等金融业务接触较少，具体情况如图7-2所示。由于云南农村地区金融机构网点少，村民往往需要步行或者乘车到很远的地方才能办理存款和取款。调查表明，77%受访村民需要到乡镇才能办理存款或取款，23%村民需要到县里才能办理存款或取款，通常他们需要步行30~60分钟，或者乘车15~30分

115

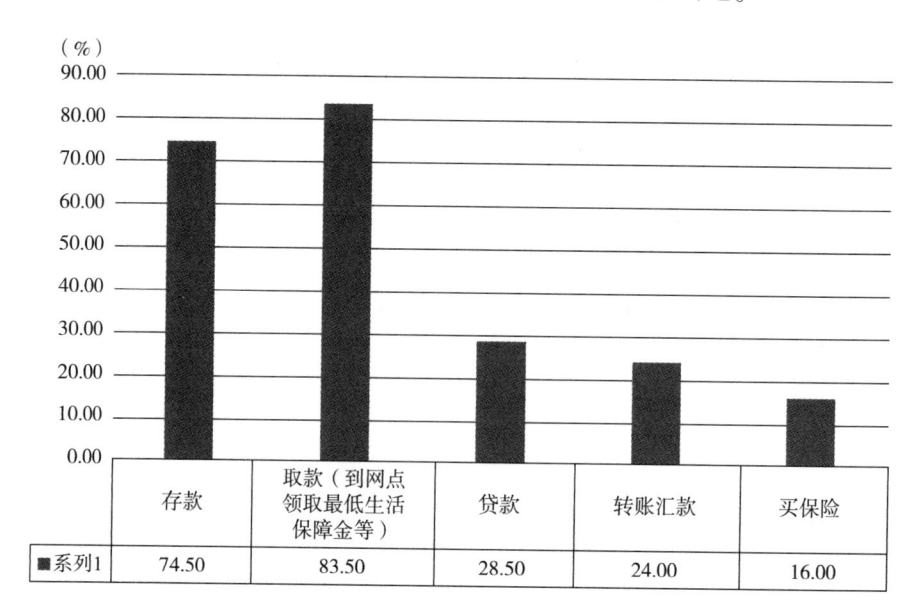

钟，走上3~18公里，才能到达可以办理存款或取款的目的地。

	存款	取款（到网点领取最低生活保障金等）	贷款	转账汇款	买保险
系列1	74.50	83.50	28.50	24.00	16.00

图7-2 受访者办理过的金融业务

受访者使用过的金融设施或服务也较为单一，只有56%受访者使用过ATM，使用过POS机、网上银行、手机银行、网络支付、手机支付等金融业务的受访者均只有10%左右。

二、贷款

（一）政府扶贫贷款

关于各类政府扶贫贷款，受访者的了解情况（多选）如图7-3所示，听说和了解得最多的是扶贫贴息贷款和助学贷款，其次是贫困村互助资金、（残疾人）康复扶贫贷款及异地扶贫搬迁贷款。

关于政府扶贫贷款的评价，家庭成员有获得过助学贷款的受访者都评价很好，认为减轻了家里的负担，对孩子上大学有很大的帮助；部分受访者获得扶贫贴息贷款以后，增加了收入，提高了生活水平，对政府表示感谢；也有部分受访者表示难以获得各种政府扶贫贷款，一方面很多政策他们无从获知，另一方面他们没有抵押、没有担保，觉得办理的手续麻烦，认为需要找熟人、找关系才能获得贷款，政策多变、不透明。

第七章　云南边疆民族地区贫困及金融接触状况——基于需求方的调研

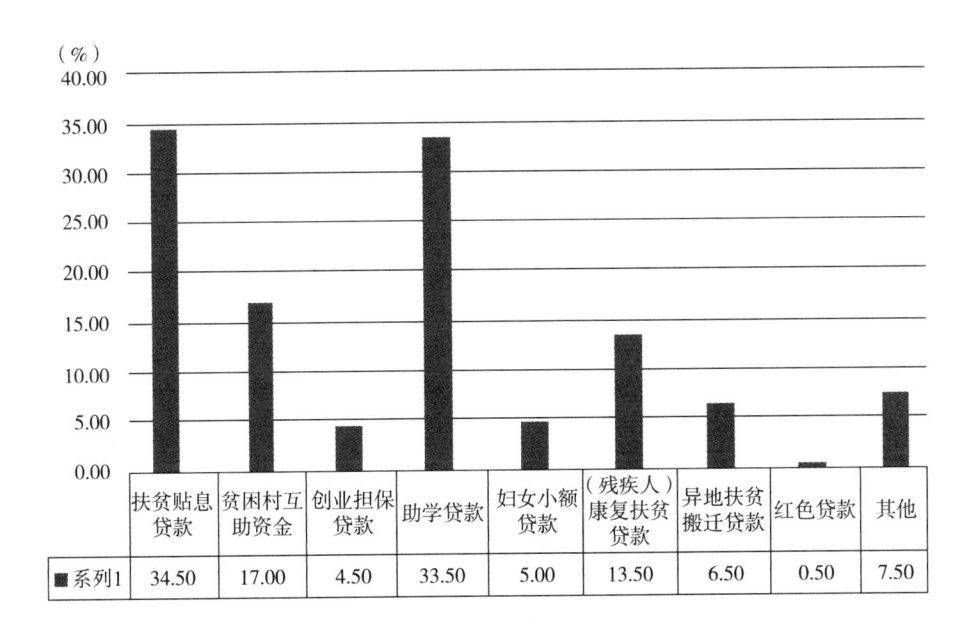

	扶贫贴息贷款	贫困村互助资金	创业担保贷款	助学贷款	妇女小额贷款	（残疾人）康复扶贫贷款	异地扶贫搬迁贷款	红色贷款	其他
系列1	34.50	17.00	4.50	33.50	5.00	13.50	6.50	0.50	7.50

图 7-3　受访者对政府扶贫贷款的知晓情况

(二) 向金融机构贷款

200 位受访者中有 57.50% 的人从来没有向金融机构申请过贷款，3% 的受访者申请过贷款但是被拒绝了；在剩下的 79 位获得过贷款的受访者中（占比 39.5%），6 位经常向金融机构贷款，73 位偶尔向金融机构贷款，如图 7-4 所示。申请贷款被拒绝的主要原因是，不符合贷款要求，没有抵押物或担保人。

针对获得过贷款的受访者，共计 79 位，问卷展开了更为详细的调查。关于贷款的主要用途（多选），51.90% 用于生产（种植、养殖等）、32.91% 用于孩子教育、29.11% 用于盖房子。

贷款金额在 1 万元及以下的占 37.97%，1 万~2 万元的占 40.51%，2 万~5 万元的占 17.72%，5 万元以上的占 5.06%。

大部分借款者通过个人抵押（51.9%）和个人信用（37.97%）的方式来获得贷款，小组联保方式较少（8.86%）。

关于还款情况和贷款利率水平，79 位借款者中，73 位贷款者能按时还款，5 位借款者选择"能拖就拖"，1 位借款人表示"其他人还才还"；45.57% 的借款者觉得贷款利率"很高，很难接受"，27.85% 的借款者认为"比较高，勉强接受"，26.58% 的借款者认为"可以接受"。

此外，笔者向与金融机构有过接触的借款者提出问题，即他们希望金融

	经常	偶尔	有过但被拒绝了	从来没有
■系列1	3.00	36.50	3.00	57.50

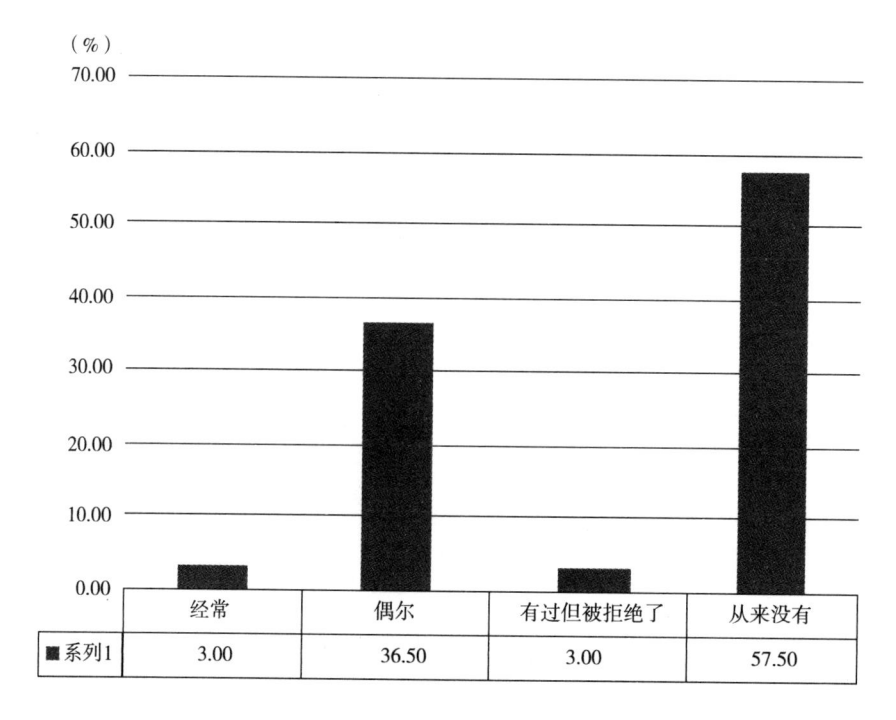

图 7-4 贷款情况

机构加强哪些服务？89.87%的借款者认为金融机构应该降低贷款利率，46.84%的借款者认为应改善服务水平。

三、保险

（一）新农合、新农保

98.5%的受访者都参加了新农合，可见新农合在农村的普及率较高。参加新农合的原因，80.2%的选择可报销或减免医药费，18.78%的因周围的人购买而跟风购买，剩下的是村委会强制参保。参加新农合的受访者中，89.85%已经报销过医药费，可见新农合对农村居民起到了较好的医疗保障效果。200 位受访者中有 3 位没有参加新农合，其选择不参保的原因分别是"对它不了解""收入低、没能力参保""已经参加了其他形式的医疗报销"。

200 人中 177 人参加了新农保，占比 88.5%。177 人中有 169 人的投保档次为 100 元（占比 95.48%），5 人投保 200 元，2 人投保 300 元，1 人投保 400 元。参加新农保的原因（多选），74.58%出于为自己的养老考虑，

20.90%为家中老人免费领取养老金考虑，10.73%由于村里硬性规定而购买新农保，5.63%随大流而参加新农保。

（二）农业保险

200位受访者中有188位受访者的家庭涉及农业。在这188位受访者中，82.98%的受访者认为农业生产最大的风险是自然风险（自然灾害），48.4%的受访者认为是市场风险（价格波动），18.62%的受访者认为是生产风险（假种子、假化肥、假饲料等）。

对于如何防范风险（多选），多数受访者表示发生灾害时依靠政府救济，或自己多存一些钱，抑或听天由命，只有不到三成的参与者认为应提前购买农业保险来应对风险，具体如表7-8所示。

表7-8 风险的防范措施

防范方式	多存些钱	借钱或贷款	农业保险	政府救济	听天由命
比例（%）	32.98	13.30	27.13	43.09	29.79

关于农业保险的购买意愿，188位受访者中，19.68%的受访者表示很需要农业保险，会购买相应的农业保险；42.02%受访者想买农业保险但会根据政府补贴情况而选择是否购买；38.30%的参与者明确表示不想购买农业保险。

购买农业保险时最关心的事情（多选），选择比例最高的三项分别为：出险后能赔多少、所缴保费的多少、保险公司承诺是否属实，具体如表7-9所示。

表7-9 购买农业保险最关心的事情

购买保险最关心的事情	出险后能赔多少	保险公司承诺是否属实	所缴保费的多少	有无其他服务（技术、信贷等）
比例（%）	55.85	29.26	34.57	6.38

受访者如果不购买农业保险主要有以下原因：不知道有农业保险、索赔困难、所缴保费太高，比例如表7-10所示。可见，有相当比例的受访者对于农业保险根本不了解。笔者在走访红河哈尼族彝族自治州开远市大庄乡龙潭村时，受访者说他们接触到的水稻保险，受损率要80%才理赔，由于他们村自然条件还行，往往达不到这么高的受损率，因此不愿意购买，但是隔壁村在山上，自然条件较为恶劣，购买农业保险的人数就多。可见，逆向选择是

农业保险存在的重要问题之一。

表 7-10　不购买农业保险的原因

不购买农业保险的原因	不知道有农业保险这回事	农业收入占家庭收入的比重小，发生损失也无所谓	所缴保费太高	出险几率小	理赔标准低	索赔困难
比例（%）	32.45	8.51	17.02	10.11	12.23	19.68

当笔者问受访者"对其他的保险产品有需求吗？"，多数受访者表示没有需求；4位受访者主动提及了需要（人身）意外保险；有受访者表示有需要，但不了解；有受访者表示不需要，钱不够；也有受访者表示不需要，会被骗。

四、小结

金融设施方面，农村地区金融资源匮乏，大多数受访者周边只有农村信用社，他们多数只办理过存款或者取款，并且交通成本较高（需要步行或乘车一段时间才能到达可以办理存款或取款的目的地），只有56%的受访者使用过ATM，其他金融设施的使用率只有10%左右的水平。

贷款方面，在各类政府扶贫贷款中，受访者了解最多的是扶贫贴息贷款和助学贷款，并且对助学贷款的评价很好；部分受访者表示他们难以获得各类政府扶贫贷款，一方面很多政策他们都无从获知，另一方面他们没有抵押、没有担保，办理手续麻烦，需要找熟人、找关系才能获得贷款，政策多变、不透明。200位受访者中有57.50%的人从来没有向金融机构申请过贷款，可见贷款的金融排斥程度较高。获得过贷款的受访者表示，贷款主要用于生产（种植、养殖等），贷款金额多为20000元以下，大部分人能按时还款，但认为贷款利率较高，希望能降低贷款利息。

保险方面，新农合的普及率很高，并且大部分受访者已经报销过医药费，可见新农合对农村居民起到了较好的医疗保障效果；新农保的普及率不如新农合高，并且大多数人只投保了最低档100元。农业保险方面，大多数受访者都会遇到自然风险和价格风险，但却只有27.13%的受访者认为应提前购买农业保险来应对风险，更多人选择依靠政府救济、多存一些钱，甚至听天由命。受访者在购买农业保险时最关心的三件事情分别为：出险后能赔多少、所缴保费的多少、保险公司承诺是否属实；如果不购买农业保险主要有以下原因：不知道有农业保险、索赔困难、所缴保费太高。可见，贫困人群对于

第七章　云南边疆民族地区贫困及金融接触状况——基于需求方的调研

农业保险的投保意识十分薄弱，政策性农业保险在基层还需要更多的宣传。

第五节　云南省"直过民族"聚居区调研情况

基于上述两节对云南六个边疆州、市进行的问卷调查，笔者注意到在云南境内的少数民族中还有一类特殊的群体——"直过民族"，这类群体的素质提升属于云南省 2018 年脱贫"十大攻坚战"[①]。

一、"直过民族"总体状况

20 世纪 50 年代，中央对云南还处在原始社会末期或已经进入阶级社会，但阶级分化不明显、土地占有不集中、生产力水平低下的独龙、德昂、基诺、怒、布朗、景颇、佤、傈僳、拉祜族 9 个民族及部分其他民族聚居地区，不进行土地改革，以"团结、生产、进步"为方针，采取一系列不同于内地的特殊政策措施，帮助他们直接过渡到社会主义，这些民族简称"直过民族"（独龙、德昂、基诺、怒、布朗、景颇族 6 个民族同时为人口较少民族）。9 个"直过民族"主要聚居在云南省 13 个州（市）、58 个县（市、区），大多处在边境沿线，占云南省边境县的 76%，涵盖了云南省 4060 公里国境线的绝大部分地区。由于大部分人生活在边境沿线或偏远山区，"直过民族"社会发育程度低，贫困程度极深，在 232.7 万总人口中，贫困人口 66.75 万人，贫困发生率达 28.6%，高于云南省贫困发生率 15.4 个百分点。这一问题的产生正如李维汉同志当年指出的，是"一步走"和"千百步走"的关系，"直过民族"虽然一步过渡到了社会主义，但必须经过长期的、千百步的艰苦努力，才能达到与其他民族同步发展的水平。

多年来，党中央、国务院和云南省委、省政府高度重视"直过民族"的发展。2015 年 1 月，习近平总书记到云南考察工作时强调，坚决打好扶贫开发攻坚战，加快民族地区经济社会发展。2016 年 1 月，中共中央政治局委员、国务院副总理汪洋在云南专题调研"直过民族"扶贫工作时，强调要从实现

[①] 根据云南省 2018 年《政府工作报告》，2018 年云南将继续集中力量打好"十大攻坚战"，即异地扶贫搬迁、产业就业扶贫、生态扶贫、健康扶贫、教育扶贫、"直过民族"和人口较少民族素质提升、农村危房改造、贫困村提升、守边强基、迪庆怒江深度贫困脱贫攻坚战。

第一个百年奋斗目标、促进民族团结、边疆稳固的高度，下大力气推进"直过民族"扶贫开发，确保如期实现脱贫目标。2018年1月，中共中央政治局常委、国务院扶贫开发领导小组组长汪洋在云南怒江调研脱贫攻坚时强调，深入开展扶贫调研，以政策精准促工作精准。云南省委、省政府2016年3月出台《云南省全面打赢"直过民族"脱贫攻坚战行动计划（2016—2020年）》（云办发〔2016〕17号），围绕9个"直过民族"实施精准扶贫精准脱贫，重点实施提升能力素质、组织劳务输出、安居工程、培育特色产业、改善基础设施、生态环境保护六大工程25个项目，总投资达343.92亿元。同时，积极协调国有大中型企业和上海对口帮扶"直过民族"加快发展，如长江三峡集团投入20亿元对口帮扶景颇族、普米族、怒族，华能集团投入20亿元对口帮扶佤族和拉祜族，大唐集团投入10亿元对口帮扶傈僳族等。实施云南省人口较少民族综合保险和学生助学补助，为全省人口较少民族聚居村77.1万人购买人身意外伤害险，18.5万户家庭购买农房险。以政府购买公共服务的方式，为云南省沿边373个行政村82.1万群众购买人身意外伤害保险。脱贫攻坚的相关政策实施以来，云南省"直过民族"建档立卡贫困人口由2014年的18.73万户、66.75万人，减少到2016年底的13.02万户、45.92万人，20.83万人脱贫，贫困发生率由28.6%降低到20%。但由于特殊的历史、地理、社会发展程度等原因，"直过民族"聚居区总体发展滞后，整体性贫困程度较深、贫困面大。

"直过民族"聚居区脱贫攻坚工作主要面临以下几个困难。一是发展基础非常薄弱。因发展基础差、发展起步晚，生产力水平低、产业基础弱的状况还没有得到根本改变，一产不强、二产不大、三产不活的现象普遍存在。因生产运输及开发成本高、配套服务能力弱，吸引社会资本到"直过民族"聚居区投资兴业难度大，普遍缺乏有市场、带动能力强的农业龙头企业、农民专业合作社、种植养殖大户等新经济组织，贫困群众持续稳定增收比较困难，防灾减灾及抗风险能力弱，农户因灾致贫、因灾返贫现象突出，脱贫难度相当大。二是交通基础设施薄弱。云南省"直过民族"地区、沿边地区较大人口规模自然村通硬化路建设资金，交通运输部、云南省、州（市）人民政府分别按照25万元/公里、10万元/公里和10万元/公里补助。但是"直过民族"地区山高谷深，交通建设单位投入成本高，怒江等部分地区最高每公里投入达150多万元，并且"直过民族"地区大部分都是贫困县，地方财政自给率低（"直过民族"聚居区很多县的财政自给率不到20%），很难达到资金配套要求。交通基础设施的薄弱限制了"直过民族"产业和经济的发展。三是文化素质普遍偏低。"直过民族"人均受教育年限远低于全国人均水平，傈傈、拉祜、德昂等民族人均受教育年限还不到 6 年。义务教育政策在"直过民族"聚居区效果不太理想，适龄儿童入学率偏低，辍学率偏高。劳动者素质较低，依靠科技发展生产的能力不强，还有部分劳动者不会听、不会讲汉话，至今还有约 15 万人基本不懂国家通用语言，近 50 万人不能熟练使用国家通用语言。高考及公务员考试中"直过民族"的录取率极低，导致"直过民族"地区的发展缺乏人才支撑。四是边民补助政策有待完善。当前的边民补助政策将补助范围限定为沿边境一线村民小组的村民，同一行政村其他村民小组的村民因为没能享受补助而有不满情绪，可能为境外敌对势力的渗透与破坏提供可乘之机，威胁我国的边疆安全和稳定。

二、普洱市澜沧拉祜族自治县调研情况

鉴于上述"直过民族"聚居区的情况，2017 年 10 月底，笔者走访调研了云南省普洱市澜沧拉祜族自治县，对调研情况总结如下。

（一）澜沧县基本情况及致贫因素

澜沧县位于普洱、临沧、西双版纳三州（市）交会处，国土面积 8807 平方公里，县域面积居云南省第二位、普洱市第一位，山区、半山区面积占 98.8%。澜沧是云南省 1999 年首批确定的 46 个革命老区县之一，也是 25 个边境县之一，与缅甸接壤的边境线长 80.56 公里，5 个少数民族跨境而居，有 2 个边境乡、8 个边境村、82 个边境村民小组。澜沧是由原始社会末期、封建领主制向地主制转化时期直接过渡到社会主义社会的民族"直过区"，经济建设起步晚，社会发育程度低，基础设施发展薄弱，贫困面大、贫困程度深。2016 年，全县实现生产总值 63.05 亿元，城镇居民人均可支配收入 22568 元，农村居民人均可支配收入 8037 元。澜沧县是云南省 88 个贫困县之一，贫困人口占全市贫困人口的 1/3 以上，2016 年末全县有建档立卡贫困乡 11 个、贫困村 81 个、贫困人口 12.26 万人。2017 年贫困对象动态管理工作结束后，全县仍有建档立卡贫困人口 14.19 万人，贫困发生率为 34.56%，贫困人口数为云南省第四位、普洱市第一位，贫困程度深，脱贫攻坚任务艰巨繁重。

澜沧县的贫困因素可以分为以下五类。一是素质性贫困。全县人均受教育年限仅为 6.3 年（其中，拉祜族 5.8 年、佤族 6 年、傣族 6.5 年、哈尼族 5.9 年、彝族 6.8 年、布朗族 6.7 年），分别低于全国、全省、全市人均水平 3.2 年、2.2 年和 0.8 年。劳动者受教育程度低、综合素质不高，导致劳动者

生产生活水平较低。二是条件性贫困。澜沧县国土面积大，贫困人口分散，交通闭塞，自然灾害频繁，贫困地区和贫困群众抗灾能力弱。全县2/3的村组道路没有硬化，二级、三级公路仅占4.52%，四级公路占比高达31.67%，等外公路占比高达63.81%，高速公路尚在建设，铁路还是空白；工程性缺水问题突出，全县水资源开发利用率仅为3.4%，还有16.77万人的饮水安全问题需要解决；农村危房户4.73万户。因灾致贫现象突出，返贫现象仍然存在。三是结构性贫困。澜沧县工业体量小、带动力弱，农业产业化程度低，产出量小，现代服务业发展缓慢。2016年，全县三产业比为29.6∶36.7∶33.7，产业结构不合理，一产不优、二产不强、三产不快的局面没有得到根本改变，产业结构不协调，内部发展动力不足。产业开发零星分散，未形成规模化、基地化和专业化生产，群众增收困难。四是机制性贫困。澜沧县财源基础薄弱，财政自给率仅为14.3%，财政收支矛盾突出，保障和改善民生压力大，发展建设资金投入严重不足。五是扶贫成本高。澜沧县贫困人口主要集中在经济落后、交通不便、信息不畅、资源匮乏、条件较差的偏远地区，实施扶贫开发项目难度越来越大，扶贫成本越来越高。

(二) 澜沧县政府脱贫攻坚工作

澜沧县政府为了精准扶贫，对贫困对象进行了动态管理。2015年，澜沧县政府对建档立卡贫困人口中的"直过民族"进行全面的调查统计，在"直过民族"聚居的132个村中，有86个村是建档立卡贫困村；在当年13.93万人的建档立卡贫困人口中，"直过民族"人口11.66万人，占贫困人口总数的83.7%。2016年末，澜沧县有建档立卡贫困人口14.19万人，其中"直过民族"人口9.39万人，占总数的66.1%。在澜沧县所有建档立卡贫困人口中，"直过民族"人口占60%以上，是澜沧县脱贫攻坚的主要对象和主体部分。

澜沧县政府对脱贫攻坚展开了大量工作。一是抓实组织领导；二是抓实动态管理；三是抓实资金投入（截至2017年10月15日，共整合各类资金53699.22万元）；四是抓实科技扶贫；五是抓实危房改造；六是抓实异地扶贫搬迁；七是抓实文化扶贫；八是抓实素质提升；九是抓实挂包帮扶。

同时，澜沧县政府积极协调国有大中型企业对口帮扶"直过民族"加快发展。2016年5月，澜沧县正式全面启动华能集团帮扶澜沧县拉祜族、佤族精准脱贫攻坚项目工程。华能集团集中帮扶澜沧县20个乡镇、132个行政村、1613个自然村（村民小组），拉祜族、佤族228825人。华能集团帮扶专项资金135000万元，其中用于培育特色产业的资金占比52.25%，用于安居工程的资金占比28.09%，用于改善基础设施的资金占比16.98%，用于提升素质能力的资金占比1.65%,用于劳务输出的资金占比0.58%,用于生态环境建设与保护的资金占比0.45%。

(三)澜沧县"直过民族"脱贫攻坚工作面临的困难

调研组通过对澜沧县"直过民族"地区的实地调研,发现"直过民族"脱贫攻坚工作面临着以下困难和问题。

一是资金缺口大。从贫困现状来看,2016年实施贫困对象动态管理后,澜沧县尚有贫困人口141915人,占全市贫困人口的1/3以上,且都是贫中之贫、困中之困,脱贫攻坚形势严峻。2016年澜沧县县级财政收入5.6亿元,支出39亿元。县级财政无力配套公路、水利等基础设施建设所需资金,而基础设施的不完善又会进一步制约当地经济发展。据澜沧县糯福乡的村民反映,当地的路况不好,晴天能通路,雨天就困难,从而影响了当地主要栽种的柠檬的销路和种植规模。

二是贫困群众脱贫发展内生动力不足。受原先惠农政策、"输血"式扶贫等因素影响,大多数贫困户在发展产业时"等、靠、要"思想严重,把产业扶贫资金当作救助资金,认为扶贫就是国家给钱给物,少数贫困户产生了"越穷越实惠、越穷越光荣"的扭曲心理。农村致富带头人匮乏,整体素质不高,实力较弱,辐射带动能力不强。

三是素质贫困问题突出,严重制约脱贫进程,影响其后期脱贫评估。首先,"直过民族"贫困群众普遍受教育程度较低,生活生产也较为落后,脱贫技能欠缺,在政府的帮助下虽有一定程度的改善,但是技能的掌握、生产方式的改变都需若干时间,无法形成"短平快"的效益。其次,"读书无用论"的思想在部分贫困群众中依然存在。最后,贫困群众缺乏简单的家庭财务计算能力,无法预估家中收入状况,影响后期第三方脱贫评估进程。

四是边民补贴政策不完善。2017年边民补助为每户每年一千多元,虽然这一标准在不断提高,但是边民补贴政策仍然存在两个问题需要解决:第一,边民补助以"户"为单位,存在每户人口不一样从而产生不均的问题;第二,只有边境村能够获得边民补助,周边同一个乡的内陆村无法获得,由此引发了一些矛盾,影响民族团结稳定。

五是基层乡镇干部任务重,收入待遇较低,人员不足。澜沧县基层干部人员严重不足,且待遇低。据澜沧县糯福乡的一个村长反映,他一个月的津贴只有1500元,但是每天处理村里事务的时间却在8小时以上,村民小组组长的津贴只有600元。基层干部需要花费大量时间在岗位上,导致其很难有其他收入来源,生活较为拮据。

(四) 澜沧县"直过民族"金融接触情况

在金融接触方面，由于经济十分落后，交通闭塞，人口分散，金融发育程度相当低。特别是在边境一线，由于食不果腹、信息闭塞，大多数"直过民族"的农户几乎没什么金融知识，只有乡镇一级的政府干部才能谈及一些金融状况。

在走访调研的过程中，澜沧县糯福乡乡干部提出政策性农业保险存在两方面的问题，一是种类不够全，二是普及率不够。澜沧县主要的农产品品种，有部分没有被纳入农业保险范围，如小粒咖啡的产量受天气影响波动大，农户经常出现损失，但澜沧县还没有能为咖啡产量投保的保险。同时，政策性农业保险推广力度还不够强，虽然政府已补贴较大比例的保费，仍然有部分农民不了解，也不愿意购买农业保险。

澜沧县糯福乡乡干部对贫困村互助资金给予了较好的评价，认为贫困村互助资金虽然金额不大，但是在贫困村非常缺乏（信贷）资金的情况下，还是能很好地帮助农户。同时，农户的还款意愿较高，截至访谈时，糯福乡只有一户农户确实是因为天灾没能按时还款，其余农户都按时还款，形成了良好的资金循环。糯福乡乡干部提出，应在村镇的村民小组中积极发展小额、精细化的产业发展互助资金，进一步带动产业发展，提高农户收入。

此外，通过澜沧县的政府工作人员，笔者了解到，在澜沧县有两类人群可以享受由云南省政府财政出资购买的保险。第一类是人口较少民族。自2014年起，由省级财政出资，为云南省8个人口较少民族（独龙族、德昂族、基诺族、怒族、阿昌族、普米族、布朗族、景颇族)[①] 77.1万人购买云南省人口较少民族综合保险（包含人身意外伤害险和农房保险）。第二类是边境村各族群众。自2017年起，为缓解云南省边境一线群众因灾致贫、因灾返贫等突出问题，云南省政府为云南省沿边373个行政村82.1万名群众购买人身意外伤害保险。

三、小结

"直过民族"聚居区交通闭塞，经济发展滞后，地方财政困难，是脱贫攻坚中最难啃的"硬骨头"。面对如此极端的情况，金融能发挥的作用着实有限。更多问题的解决，如自然村通硬化路建设、教育水平的提高、边民补助政策的调整等，主要还得依靠政府财政资金的大量、持续投入。同时，政府

[①] 云南省人口较少民族与"直过民族"重合度较高，都包含独龙族、德昂族、基诺族、怒族、布朗族、景颇族，所以两者经常被一起提及，如云南省2018年脱贫"十大攻坚战"中其中一项即"直过民族"和人口较少民族素质提升。

整合各项资源,如协调国有大中型企业①和发达省份(上海市)对口帮扶,对加快"直过民族"聚居区的发展具有较好的促进作用。

在此过程中,普惠金融如何发挥减缓贫困的作用?笔者认为,一方面,保险机构要设计出更多能够满足"直过民族"需要的保险产品,现阶段政府(完全或部分)出资购买,防止因灾致贫、因灾返贫;另一方面,在政府投入各项资源,带动基础设施改善、特色产业发展的基础上,以保本、微利为前提,信贷资金助力培育农业龙头企业、农民专业合作社、种植养殖大户等新经济组织,进一步带动"直过民族"聚居区特色产业的发展。

第六节 云南省边疆民族地区贫困人群行为特征归纳

贫困是一个综合性的问题。为了能准确地说明云南边疆民族地区贫困人群的行为特征,笔者基于问卷调查和实地走访调研,从经济行为、生活行为、心理行为三个方面进行归纳。

一、经济行为特征

(1)收入来源单一。农村贫困人群从事的职业以农业为主,属于"靠天吃饭"的类型,大多数人参与劳动的能力都只是体力。收入来源主要就是依靠农业,以及少量的政策性收入和打零工的收入。

(2)金融接触匮乏。农村地区经济基础薄弱,金融资源匮乏,大多数受访者周边只有农村信用社,其他金融机构网点很少。多数受访者只办理过最基本的金融业务——存款或者取款,并且其中一部分人群是为了领取最低生活保障金才不得不到金融机构网点办理取款。交通落后,导致村民为获取金融服务需要付出较高的交通成本。信息闭塞,村民普遍缺乏金融知识,使各种金融设施的使用率都较低。

(3)向金融机构借贷比例低。造成这一现象的原因,除了贫困人群无抵押、无担保、信用记录空白或者不佳,因而被金融机构排斥之外,还存在贫困人群"主动排斥"向金融机构借款的情况,利用亲缘关系无息借贷仍然是

---

① 如上文中提到的华能集团集中帮扶澜沧县,帮扶专项资金13.5亿元,其中用于培育特色产业、安居工程、改善基础设施的资金占比分别为52.25%、28.09%和16.98%。

农村贫困人群解决资金困难的首选渠道。

（4）以小额资金需求为主。受家庭经济规模的限制，农村贫困人群的各项开支一般都比较小，对借贷资金的需求量也相应偏小。对于需要较多资金的经济机会，农村贫困人群对自己的信心不足，害怕自己做不好、亏了钱还不上借款，出现不敢贷大额款项的现象。

（5）生产性及非生产性用途并重。关于贷款的主要用途，有一半的受访者表示会将贷款用于生产，其余用于孩子教育、盖房子、看病、补给生活等方面，可见贷款的用途是生产性及非生产性并重。

（6）还贷行为需要进一步加强约束。农村贫困人群自身知识匮乏、信用意识薄弱，并且过去的一些政府扶贫政策给贫困人群造成了思想上的误解（关于"给"和"借"），因此对农村贫困人群的还贷意识和还贷行为需要进一步加强约束和控制。

（7）贷款利率较高抑制贷款需求。农村贫困人群自身经济情况较差，能够把握的经济机会较少，因此面对高利率的贷款时会产生畏惧心理，抑制贷款需求。在与金融机构有过接触的借款者中，绝大部分都希望金融机构能够降低贷款利率。

二、生活行为特征

贫困人群往往具有如下的生活行为特征：

（1）健康状况低下。吃不饱饭、喝不到洁净的水、厕所人畜共用、生病了无法及时医治，这种情况导致部分贫困人口罹患疾病，从而进一步加深了其贫困程度。

（2）教育缺失。教育缺失成为一些困难群体脱贫的深层障碍。贫困村中很多村民都是文盲、半文盲；适龄儿童初中甚至小学便辍学的现象在贫困山区并不少见，一些家长很早就带着子女外出务工。

（3）社会资本匮乏。被社会排斥，自我封闭，没有勇气和自信，社交资源有限，人际关系简单，互助性弱。

（4）作风松散。尽管农村家庭承包责任制实行以来促进了农民的生产积极性，但农民各种各的田也使部分农民养成了松散的作风，甚至有些惰性，使其易成为贫困人群。

三、心理行为特征

贫困主体的心理特征会从很多方面对其选择行为产生重要影响。贫困主体沿袭的"安贫乐道"的价值观（特别是一些少数民族受其特有的民族文化的影响），会增加他们采取新生产方式的机会成本；脱贫努力失败导致的无助感和经济状态的脆弱性，会使他们具有不利的风险预期和风险偏好；单调的生活经历、闭塞的信息获取渠道，导致他们积累的可选的脱贫方案极少；低水平的家庭和社会教育，导致他们能力较差且人力资本积累较低；生活的压力、基本公共设施和服务保障（如干净的水、道路、医疗等）的缺乏，使他们需要消耗更多的心理资源，从而导致更"短视"的时间偏好等。

这些不利的心理特征，结合外部条件的制约，会使贫困主体对收益较高生产方式的评价较低，从而选择守旧的生产方式，对应的收入水平也较低。较低的收入水平一方面意味着下一期可利用的生产资源仍受限；另一方面意味着与物质匮乏相联系的心理因素无法得以改善，甚至变得更糟，如增强其无助感和宿命论归因，变得更悲观和短视等，这反过来又会强化贫困主体选择守旧的生产方式，收入维持在较低水平，导致贫困的恶性循环。

第八章

云南省普惠金融发展状况
——基于供给方的研究

本章从供给方的角度，对云南省普惠金融发展的总体状况及边疆地区的状况展开研究。首先，在第一节中，笔者基于统计数据，定量说明云南省内普惠金融发展的状况，并对边疆和非边疆地区进行比较分析；其次，笔者阐述云南省普惠金融减缓贫困的总体成效；再次，笔者基于信贷、保险和"信贷+保险"三种类型归纳了云南边疆民族地区的普惠金融产品及其减贫成效；最后，笔者基于走访调研，对云南省普惠金融的三种典型组织（富滇银行"格莱珉"扶贫模式、农村资金互助组织与农村信用社）进行案例分析，为边疆地区普惠金融的发展提供借鉴。

第一节 云南省边疆与非边疆地区普惠金融发展程度的比较分析

本节从统计数据的角度进行分析，试图定量说明云南省内普惠金融发展的状况，从州、市的角度进行边疆和非边疆地区的比较分析，同时，也对云南省数字普惠金融的发展状况进行区域上的定量分析。

一、云南省各州、市普惠金融发展状况

笔者查阅《2018 云南统计年鉴》、银监会网站金融许可证信息、保监会云南监管局网站，将云南省各州、市普惠金融相关指标数据归纳如下。银行机构的分布情况如表 8-1 所示，由此可以看出，无论是商业银行（包括总行、一级分行、二级分行、支行）还是农村信用社或村镇银行，云南省八个非边疆州、市的金融机构数量占比，明显超过了八个边疆州、市的金融机构数量占比，特别是在商业银行一级分行这一指标上，边疆州、市的占比仅为 14%。

对于普通居民来说，金融服务的供给方多为商业银行支行、农村信用社和村镇银行，这些机构在边疆州、市的占比分别为29%、41%、33%，总体来说，边疆州、市的银行业金融机构分布还较为薄弱。

表8-1 云南省各州、市银行业金融机构分布情况　　单位：个，%

州、市	金融机构	商业银行 总行	一级分行	二级分行	支行	农村信用社	村镇银行
		46	44	120	2624	1447	139
非边疆州、市	昆明市	3	25	19	938	248	24
	曲靖市	3	3	13	221	184	20
	玉溪市	6	1	9	207	66	11
	迪庆州	0	1	4	10	38	1
	昭通市	3	1	5	105	155	7
	丽江市	3	1	6	80	28	9
	大理市	6	3	10	170	65	10
	楚雄州	4	3	7	138	75	11
	合计占比	61	86	61	71	59	67
边疆州、市	怒江州	0	0	4	14	34	1
	保山市	2	1	6	115	77	7
	德宏州	4	1	5	86	24	3
	临沧市	3	1	4	68	58	1
	普洱市	2	1	5	98	118	1
	西双版纳州	2	0	6	91	17	6
	红河州	4	2	11	199	137	8
	文山州	1	0	6	84	123	19
	合计占比	39	14	39	29	41	33

资料来源：笔者对中国银监会网站上2018年12月10日发布的金融许可证信息进行手工查询和整理而得。

在掌握银行业金融机构分布情况的基础上，笔者将云南省各州、市截至2017年末的各项存款余额、各项贷款余额、原保险（按险种划分）保费收入情况归纳如表8-2所示。在存款和贷款余额方面，边疆州、市占比仅为24%和19%；在财产险、寿险、意外伤害险、健康险的保费收入方面，边疆州、市占比分别为28%、25%、25%、27%。可以看出，从总量的绝对值来衡量，边疆州、市的存款、贷款、保险的发展都较为落后。

表8-2 云南省各州、市各项存、贷款余额及原保险保费收入情况

单位：亿元，%

州、市	金融机构	存款	贷款	财产险	寿险	意外伤害险	健康险
		29963.85	25398.93	255.14	260.55	20.58	77.01
非边疆州、市	昆明市	4431.40	14789.35	101.28	107.11	8.91	31.52
	曲靖市	1193.81	1383.40	21.82	26.05	1.70	8.57
	玉溪市	825.21	996.89	16.45	19.89	1.08	3.583
	迪庆州	112.98	228.72	2.26	0.82	0.15	0.23
	昭通市	752.78	714.72	8.73	7.65	0.61	3.36
	丽江市	373.43	466.16	6.02	5.76	0.56	1.39
	大理市	873.83	1205.77	16.35	15.94	1.31	4.06
	楚雄州	629.20	733.77	11.31	10.92	1.03	3.10
	合计占比	70	81	72	75	75	72
边疆州、市	怒江州	226.79	126.60	1.70	0.55	0.15	0.34
	保山市	1111.56	691.12	9.17	10.17	0.84	3.06
	德宏州	628.90	436.23	6.65	7.21	0.41	1.31
	临沧市	605.03	485.40	6.90	5.57	0.45	2.19
	普洱市	914.16	684.53	9.27	9.34	0.94	2.92
	西双版纳州	647.14	372.86	5.68	9.02	0.53	2.30
	红河州	2026.57	1255.19	18.88	17.76	1.13	5.75
	文山州	1117.23	747.30	12.03	6.60	0.74	3.31
	合计占比	30	19	28	25	25	28

资料来源：笔者根据《2018云南统计年鉴》及保监会云南监管局网站上的数据计算得出。

考虑到边疆州、市总人口较少，占全省40%，笔者接下来计算了云南省各州、市截至2017年末的人均各项存款余额、各项贷款余额、原保险（按险种划分）保费，归纳如表8-3所示，并与全省人均水平进行比较。可以看出，人均存款、贷款余额，边疆州、市仅约为39918元和25871元，明显低于全省人均水平约62418元和52909元；财产险、寿险、意外伤害险、健康险的人均保费收入约为376元、367元、29元、111元，与全省人均水平约531元、

542元、43元、160元相去甚远。用人均水平的相对值来衡量，边疆州、市的存款、贷款和保险的发展同样较为落后。

表8-3 云南省各州、市人均各项存、贷款余额及原保险保费　单位：元/人

州、市	金融机构	存款	贷款	财产险	寿险	意外伤害险	健康险
		62418.19	52908.93	531.49	542.75	42.86	160.43
非边疆州、市	昆明市	198533.98	218035.53	1493.11	1579.15	131.36	464.76
	曲靖市	35230.15	22597.19	356.37	425.52	27.78	140.03
	玉溪市	72212.52	41868.54	691.01	835.57	45.26	150.22
	迪庆州	83092.23	55514.56	547.53	198.63	36.27	56.84
	昭通市	27035.76	12908.07	157.69	138.11	11.01	60.74
	丽江市	50877.52	36136.43	466.80	446.66	43.41	108.04
	大理市	45160.16	33643.14	456.26	444.70	36.52	113.17
	楚雄州	44809.04	26740.89	412.35	398.00	37.50	112.91
	平均值	69618.92	55930.54	572.64	558.29	46.14	150.84
边疆州、市	怒江州	41460.70	23144.42	310.88	101.16	27.61	62.54
	保山市	42523.34	26439.17	350.79	389.06	32.32	116.92
	德宏州	48044.31	33325.44	508.33	550.78	31.35	99.78
	临沧市	23952.10	19216.15	273.34	220.52	17.65	86.51
	普洱市	34798.63	26057.48	352.73	355.58	35.67	111.17
	西双版纳州	54842.37	31598.31	481.44	763.99	45.05	194.57
	红河州	42999.58	26632.51	400.52	376.74	23.99	122.10
	文山州	30726.90	20552.81	330.90	181.45	20.22	91.15
	平均值	39918.49	25870.79	376.12	367.41	29.23	110.59

资料来源：笔者根据《2018云南统计年鉴》及保监会云南监管局网站上的数据计算得出。

二、云南省数字普惠金融发展状况

当前，边疆民族地区普惠金融供给的主体主要是传统金融机构，其开展的相关普惠性业务对政府的政策、担保、补偿、贴息有一定的依赖性。而数字普惠金融在服务"三农"、弱势群体、偏远地区等方面有其独特的优势，互联网、信息通信等数字技术与金融业的深度融合，为普惠金融发展提供了新

133

思路,扩大金融服务边界、提升金融服务效率、降低金融服务成本、解决金融市场信息不对称,能够拓展普惠金融发展的深度和广度。

2016年9月,二十国集团(G20)领导人第十一次峰会将数字普惠金融列为重要议题,并通过了《G20数字普惠金融高级原则》,原则提出数字普惠金融是运用数字技术为无法获得金融服务或缺乏金融服务的群体,提供一系列负责任的、成本可负担的金融服务,并对于提供金融服务的供应商而言是可持续的。

北京大学数字金融研究中心课题组(2016)利用中国代表性互联网金融机构——蚂蚁金服关于数字普惠金融的微观数据,编制了一套2011~2015年省级、城市和县域三个层级的"数字普惠金融指数",为数字普惠金融的研究提供了较为权威的数据支撑。依据他们的研究,云南省数字普惠金融指数2015年在全国31个省、市、自治区中排名26位,仅仅优于甘肃省、河北省、青海省、贵州省和西藏自治区。从云南省的各州、市来看,仅昆明市属于第一梯队,玉溪、西双版纳、大理、丽江属于第二梯队,其余州、市皆属于第三梯队。第一梯队和第二梯队皆是经济金融较发达的城市,或旅游城市,为适应现代经济、旅游和贸易的发展,电子化程度总体上较高。

云南省2011~2015年各州、市数字普惠金融指数如表8-4所示,由2011~2015年的数据[①]来看,边疆州、市数字普惠金融指数的平均值历年都低于非边疆州、市,但由于起点低,复合增长率表现出略高的态势。

表8-4 2011~2015年云南省各州、市数字普惠金融指数

	州、市	2011年	2012年	2013年	2014年	2015年	复合增长率(%)
非边疆州、市	昆明市	68.35	114	154.12	168.76	199.7	31
	曲靖市	31.46	62.04	101.08	122.75	155.4	49
	玉溪市	52.21	90.07	122.36	136.54	169.03	34
	迪庆州	32.64	53.13	97.33	116.57	149.84	46
	昭通市	30.7	62.49	98.94	114.99	140.47	46
	丽江市	56.21	91.21	133.04	138.63	172.61	32
	大理州	40.84	80.78	119	133.15	165.07	42
	楚雄州	37.22	69.99	102.88	122.55	152.04	42
	平均值	43.70	77.96	116.09	131.74	163.02	40

---

① 由于州、市的数据和省级层面的数据不具有可比性,故没有列出云南省的数字普惠金融指数。

续表

州、市		2011年	2012年	2013年	2014年	2015年	复合增长率（%）
边疆州、市	怒江州	37.06	71	94.77	122.27	149.1	42
	保山市	37.42	70.28	102.24	133.16	149.76	41
	德宏州	48.1	86.41	121	136.38	161.23	35
	临沧市	30.91	64.19	93.97	126.95	148.54	48
	普洱市	30.29	63.85	96.57	130.65	150.42	49
	西双版纳州	53.17	90.51	121.12	140.25	171.44	34
	红河州	41.32	76.14	113.92	125.53	157.3	40
	文山州	32.16	63.03	95.09	120.8	139.87	44
	平均值	38.80	73.18	104.84	129.50	153.46	42

资料来源：《北京大学数字普惠金融指数》报告。

除了数字普惠金融总指数，北京大学数字普惠金融指数还包含分维度的指数，如图8-1所示，一级维度包含"覆盖广度指数""使用深度指数"和"数字支持服务指数"，其中"使用深度指数"还包含二级维度指数，分别是支付、信贷、投资、保险、征信和货币基金使用指数（以下简称"货基使用指数"）。笔者将2015年云南省边疆州、市与非边疆州、市在数字普惠金融一级维度和二级维度下的指数整理如表8-5和表8-6所示。

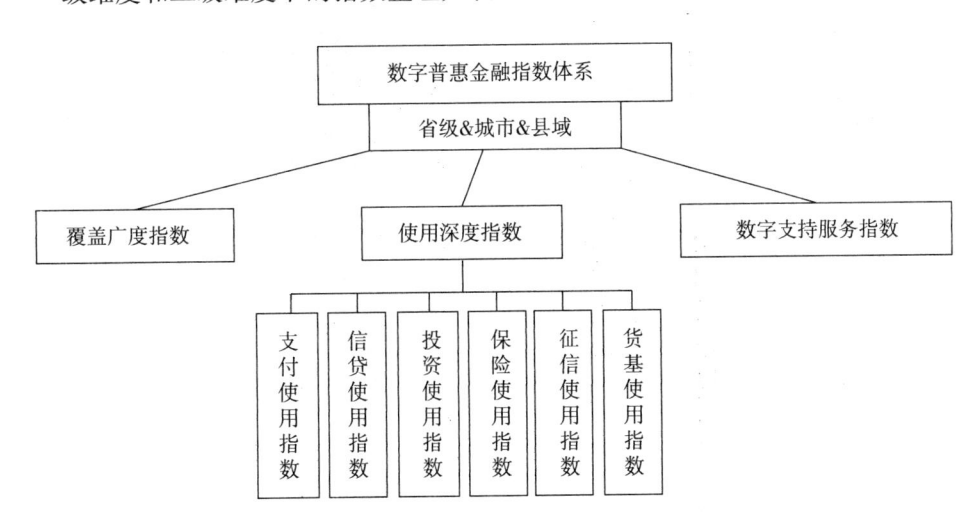

图8-1 北京大学数字普惠金融指数体系

资料来源：《北京大学数字普惠金融指数》报告。

表 8-5 2015年云南省各州、市数字普惠金融总指数和一级维度指数

州、市		总指数	覆盖广度	使用深度	数字支持服务
非边疆州、市	昆明市	199.7	207.64	160.23	245.18
	曲靖市	155.4	144.3	119.24	257.74
	玉溪市	169.03	161.71	127.57	268.57
	迪庆州	149.84	135.66	115.6	258.87
	昭通市	140.47	119.21	118.73	250.19
	丽江市	172.61	158.38	154.12	253.2
	大理州	165.07	146.97	142.06	266.65
	楚雄州	152.04	135.29	122.69	260.67
	平均值	163.02	151.15	132.53	257.63
边疆州、市	怒江州	149.10	128.80	120.68	267.79
	保山市	149.76	131.95	132.75	239.44
	德宏州	161.23	144.74	147.00	241.51
	临沧市	148.54	118.77	133.56	274.10
	普洱市	150.42	120.93	140.61	265.62
	西双版纳州	171.44	157.42	156.33	245.18
	红河州	157.30	142.30	130.24	255.99
	文山州	139.87	123.54	115.63	237.83
	平均值	153.46	133.56	134.60	253.43

资料来源:《北京大学数字普惠金融指数》报告。

表 8-6 2015年云南省各州、市数字普惠金融二级维度指数

州、市		支付	信贷	投资	保险	征信	货基
非边疆州、市	昆明市	199.03	129.56	132.82	301.97	79.69	198.02
	曲靖市	153.17	101.71	106.51	218.63	24.98	151.47
	玉溪市	145.43	101.25	114.32	260.14	26.78	152.6
	迪庆州	150.51	89.6	88.2	272.36	5.66	136.89
	昭通市	136.44	94.19	118.24	232.76	15.12	134.02
	丽江市	185.35	126.14	132.34	294.51	64.35	176.81
	大理州	165.34	114.49	130.44	276.41	39.08	163.61
	楚雄州	145.6	105.2	107.6	241.99	19.3	135.95
	平均值	160.11	107.77	116.31	262.35	34.37	156.17

续表

	州、市	支付	信贷	投资	保险	征信	货基
边疆州、市	怒江州	147.40	89.28	106.84	273.04	15.02	130.76
	保山市	154.02	119.85	102.21	270.30	22.14	146.03
	德宏州	175.21	121.46	108.75	319.95	46.09	157.87
	临沧市	149.53	98.30	141.09	274.64	21.22	128.99
	普洱市	177.78	107.87	120.64	302.20	39.15	146.14
	西双版纳州	178.77	125.75	133.40	321.16	55.52	161.36
	红河州	162.65	111.19	103.55	264.13	31.88	147.65
	文山州	140.09	116.54	79.81	227.90	7.59	123.96
	平均值	160.68	111.28	112.04	281.67	29.83	142.85

资料来源：《北京大学数字普惠金融指数》报告。

由表8-5和表8-6可以看出，2015年云南省八个边疆州、市和八个非边疆州、市的差距，除了体现在总指数上，一级维度还主要体现在"覆盖广度"这一指标上，这一指标是通过电子账户数（如互联网支付账号及其绑定的银行账户数）等来体现的，可以看出，边疆州、市在电子账户数量方面发展较弱。边疆州、市"使用深度"在一级维度上总体发展略好，从二级维度上来看，不足主要体现在数字化征信和货币基金两个方面。

第二节 云南省普惠金融减缓贫困的总体成效

截至2018年9月末，云南省贫困地区共有县级银行业金融机构532个、银行业金融机构服务网点3350个、证券机构35家、保险机构978家、小额贷款公司218家、惠农支付服务（站）点2.03万个，已形成政策性金融、商业性金融、合作性金融、证券、保险、助农取款点协调配合、共同参与的金融扶贫开发新格局。

截至2018年9月末，88个国定贫困县贷款余额6011.67亿元，新增贷款443.86亿元，贷款余额同比增长10.36%，高于同期全省各项贷款增速1.34个百分点。全省金融精准扶贫贷款余额为2854.68亿元（占全省金融机构各项贷款余额的10.5%），排名全国第三，同比增长14.94%，高于同期全省各项贷款平均增速5.92个百分点。其中，建档立卡贫困人口及已脱贫人口贷款余额 388.76 亿元，同比增长 18.75%，产业精准扶贫贷款余额 597.02 亿元，同比增长 19.71%，项目精准扶贫贷款余额 1868.9 亿元，同比增长 12.75%，贫困地区信贷投入持续增加；44.05 万建档立卡贫困人口、35.31 万已脱贫人口获得直接信贷支持；产业精准扶贫贷款带动建档立卡贫困人口达 54.51 万人（次），金融服务受益面不断扩大。

云南省结合贫困地区和贫困户的金融需求，探索建立了"人行+信用社+政府+三农""扶贫再贷款+匹配贷款+优惠利率+利差补贴""扶贫再贷款+政府+企业（合作社或大户）+贫困户+保险"等多种货币政策工具运用模式，实现了中国人民银行、金融机构、政府资金、企业资金、保险资金的有效结合，将支农（扶贫）再贷款的政策效果传导至实体经济。具体而言，中国人民银行昆明中心支行引导银行业金融机构在产业发展、异地搬迁、基础设施建设、贫困户自身发展四个方面精准发力。

一是着力支持产业发展助力"换穷业"。2017 年以来，全省贫困地区累计召开金融产业扶贫银企对接会 87 次，对接资金 238.02 亿元，支持贫困地区发展优质产业项目。截至 2018 年 6 月末，全省产业精准扶贫贷款余额 567.74 亿元，同比增长 75.64%，带动和服务贫困人口 175.36 万人次。例如，保山市构建政银担合作机制，破除金融支持产业扶贫瓶颈，助力脱贫攻坚。普洱市江城县在促进产业发展上寻突破，采取"扶贫再贷款+金融机构+合作社+农户"模式，精准助力当地沃柑产业发展，辐射带动 3 个行政村，21 个村民小组的贫困群众加入柑橘农民专业合作社，由"输血"式扶贫转向"造血"式脱贫。临沧市永德县农村信用社推出"扶贫龙头企业+金融机构+产业+贫困户"金融服务模式，2014 年以来向永德茶业有限公司累计发放 1700 万元信贷资金，支持企业发展茶产业，带动 243 人建档立卡贫困人口实现增收。

二是着力支持异地搬迁助力"挪穷窝"。截至 2018 年 6 月末，全省异地扶贫搬迁贷款余额 409.97 亿元，同比增长 15.75%，惠及全省 2779 个搬迁集中安置点、21.3 万户、84.38 万人。例如，中国农业发展银行 2017 年发放 192 万元异地扶贫搬迁信贷资金，支持红河州绿春县特困"直过民族"聚居地拉祜寨实施异地扶贫搬迁，平整土地 30 亩，新建挡墙 772 立方米，新建安居房 32 套，实现全寨 32 户建档立卡贫困户全部搬入美丽宜居的两层楼式新居。

三是着力支持基础设施建设助力"拔穷根"。截至 2018 年 6 月末，全省项目精准扶贫贷款余额 1838.16 亿元，同比增长 24.31%，带动和服务贫困人口 809.93 万人次。其中，农村基础设施贷款余额 1411.99 亿元，同比增长

27.33%。例如，国家开发银行坚持"党建带扶贫，扶贫促党建"原则，对深度贫困地区武定县承诺9亿元贫困村基础设施建设授信。截至2018年6月末，已发放3.42亿元，支持武定县59个贫困村修建村组公路1302.37公里，硬化村间道路465.7公里，新建饮水管道634公里及水源点建设114处等，切实改善贫困群众生产生活条件，激发贫困群众的内生发展动力。

四是着力满足贫困户金融需求助力"摘穷帽"。截至2018年6月末，建档立卡贫困人口及已脱贫人口贷款余额385.47亿元，同比增长25.55%，带动和服务贫困人口79.09万人次，基本实现了对有贷款需求的贫困户"应贷尽贷"。例如，中国农业银行精准对接贫困户，2016年向大理州宾川县建档立卡贫困人字某发放5万元扶贫贷款，支持其建立宾川县土里吧种养专业合作社，带动8户建档立卡贫困户实现脱贫。

第三节 云南边疆民族地区普惠金融产品及其减贫成效

适用于云南省边疆地区的金融产品主要是信贷和保险两大类[①]，笔者基于信贷产品、保险产品和"信贷+保险"产品三种类型，选取云南边疆地区有开展业务的普惠金融产品进行研究。以下内容中涉及云南边疆地区的，笔者以阴影方式突出标识。

一、信贷产品

云南省扶贫信贷总量不断增加，截至2016年末，云南省93个贫困县（市）各项贷款余额合计6477.01亿元，同比增长9.57%。同时，金融扶贫精准度不断提高，根据金融精准扶贫信息系统数据显示，截至2016年末，全省精准扶贫贷款（含个人精准扶贫贷款、产业精准扶贫贷款、项目精准扶贫贷款）余额同比增长23.29%，高于贫困地区各项贷款增速13.72个百分点。

（一）扶贫小额信贷

自2014年《关于创新发展扶贫小额信贷的指导意见》实施后，银行业金

---

① 相对于信贷和保险，证券期货类金融工具在扶贫开发领域尚属"新鲜事物"，包括：上市/挂牌发行股票融资、扶贫债券、扶贫资产支持证券、"保险+期货"扶贫等。因为证券期货类金融服务在云南省边疆地区的适用性较弱，因此本书只研究了其中的"保险+期货"模式。

融机构陆续开始推出"扶贫小额信用贷款",只针对建档立卡贫困户,贷款金额通常为5万元,纯信用贷款无需抵押担保,且贷款利率为基准利率,通常还伴以财政贴息。从这几年的实践看,扶贫小额信贷在帮助贫困户发展生产、增收脱贫等方面取得了明显成效,但也存在资金使用不合理、贷款发放不合规、风险管理不到位等苗头性、倾向性问题。

为此,2017年8月17日,中国银监会、财政部、中国人民银行、中国保监会、国务院扶贫办联合对外发布《关于促进扶贫小额信贷健康发展的通知》(以下简称《通知》),明确了6个政策要点,即"5万元以下、3年期以内、免担保免抵押、基准利率放贷、财政贴息、县建风险补偿金"。《通知》还对贷款发放对象、资金使用、风险管理等方面作出了严格规范。从贷款对象看,扶贫小额贷款只能发放给"建档立卡贫困户",要防止非建档立卡贫困户"搭便车"。在资金使用上,贷款不能用于建房、理财、购置家庭用品等非生产性支出,更不能将资金打包用于政府融资平台搭建、房地产开发、基础设施建设等。在风险管理方面,适当提高不良贷款容忍度,银行扶贫小额信贷的不良率最多可高出自身各项贷款不良率年度目标2个百分点。同时,各地财政和扶贫部门要积极推动建立和完善风险补偿及分担机制。

截至2016年9月末,云南省银行业扶贫小额信贷余额76.4亿元,同比增长44.2%,惠及建档立卡贫困户18.9万户、67.9万人。2017年云南省93个县已实现扶贫小额信贷风险补偿金全覆盖,发放扶贫小额信贷资金100.69亿元,惠及22.57万贫困户。

边疆地区积极探索扶贫小额信贷脱贫的新模式,例如,红河州蒙自市充分发挥扶贫小额信贷的扶持带动效应,以金融活水精准"滴灌"贫困户,创新"11113"工作方式,全面推动小额信贷金融扶贫工作,截至2018年3月,蒙自市已向包含脱贫户在内的3814户建档立卡贫困户发放扶贫小额信贷13497.5万元。扶贫小额信用贷款只要是用于贫困户发展产业的,做到凡贷必贴,全额贴息,最长可以贴息3年。贷款逾期形成风险的,由市政府风险补偿金承担80%,承贷金融机构承担20%。风险补偿金专户余额不足的,列入市级财政预算。

(二)扶贫再贷款

扶贫再贷款是一种数量型货币政策工具,用于支持扶贫地区的特色产业和居民就业创业。2015年,中央政府提出设立扶贫再贷款。2016年,中国人民银行正式设立扶贫再贷款,对贫困地区农村商业银行、农村合作银行、农村信用社和村镇银行四类地方法人金融机构发放涉农贷款提供支持。2016年末，中国人民银行总行决定在云南省开展优化运用扶贫再贷款发放贷款定价机制改革试点，试点时间安排为2017年1月1日~6月30日。中国人民银行昆明中心支行指导试点地区中国人民银行和试点金融机构按照保本微利经营和有利于利率市场化改革的原则，切实发挥主观能动性，因地制宜、有序开展改革创新。2017年1~6月，试点地区中国人民银行按照新机制向42家试点机构累计发放扶贫再贷款42.39亿元，40个试点县扶贫再贷款余额63.26亿元，较2016年末增加38.42亿元，增长154.66%。扶贫再贷款定价机制改革试点目标顺利实现。

具体来看，一是试点机构借用扶贫再贷款积极性增强。2017年前6月，42家试点机构累计借用扶贫再贷款42.39亿元，比2016年7~12月多借用19.06亿元；截至2017年6月末，试点机构扶贫再贷款余额61.56亿元，比2016年末增加37.82亿元，增幅达159.3%。

二是试点机构金融精准扶贫贷款投放量增加。2017年前6月，42家试点机构累计运用扶贫再贷款发放金融精准扶贫贷款38.8亿元，比2016年7~12月累计多发放22.34亿元，同时带动试点机构运用自有资金发放金融精准扶贫贷款50.51亿元。

三是试点机构利率定价水平有所提升。2017年前6月，42家试点机构对建档立卡贫困户发放的扶贫小额信贷，执行中国人民银行期限档次4.35%或4.75%的基准利率；对扶贫企业贷款，根据带动或扶持贫困户多少，实行利率4.35%~6.75%的差别化定价。

2017年3月，西双版纳州勐海县勐海信用联社运用扶贫再贷款以"土地证抵押+仓单质押"的方式，向雨林古茶坊发放2000万元流动性贷款，主要用于春茶原料收购，贷款利率为4.75%，与以往8%的贷款利率相比，将为雨林古茶坊节省约60余万元。运用扶贫再贷款资金对雨林古茶坊发放贷款，在增强勐海农村信用联社资金实力的同时，进一步巩固了银企合作关系，实现了金融机构和企业的"双赢"，扶贫再贷款效果得到更好的体现。

(三) 特色产业金融扶贫模式

2016年11月，云南省发改委携手富滇银行推出金融扶贫项目"扶贫贷"，并启动"扶贫贷"藏区项目，向迪庆州扶贫项目提供5.18亿元的融资支持，重点用于道路等基础设施建设和农业特色产业开发。

"扶贫贷"包括"农基贷"和"农富贷"两个系列，以"精准扶贫、精准脱贫"为目标，实现"政策扶贫"与"金融扶贫"相结合，按照"省发改委帮一点，地方政府拿一点，银行贷一点"的"三个一点"思路，重点支持贫困地区"特色产业发展"和"基础设施建设"两大领域，针对产业链中"产、供、销、运"四个关键环节，以扶持特色产业发展为核心，延伸至生产保障、物资供销渠道、运输道路建设等全方位、立体式的金融扶贫服务模式，实现由扶贫"输血"向扶贫"造血"转变。

其中，"农富贷"以扶持贫困地区特色产业发展为核心，以专业合作社为"统贷统还、统购统销、集中养殖、吸纳就业、收益分红、作业监控"平台，将建档立卡户作为银行实施转贷对象，以挂包单位扶贫产业补助、引导扶贫、拓展供销渠道以及宣传教育为抓手，按照"政府主导、金融参与、挂钩帮扶、精准到户、扶贫到人"的思路，建立"政府+银行+挂包帮单位+专业合作社+供销企业+贫困户"六位一体的特色产业金融扶贫模式。此次"扶贫贷"为德钦县拖顶乡念萨布卡农民专业合作社贷款150万元，用于其藏香猪、藏香鸡等特色产业发展。

富滇银行还在大理市、保山市等贫困地区探索开发"政府担保+银行贷款+社会资金"的支持农业特色产业发展的金融精准扶贫模式，推出扶贫小额信用贷款、金果贷、金蔬贷等金融扶贫产品，面向不同类型的贫困户进行有针对性的金融帮扶。

二、保险产品

保险是扶危济困的行业，在减少因灾因病返贫致贫、优化扶贫资源配置、促进贫困地区产业发展方面有独特优势。2016年，国务院扶贫办和保监会下发《关于做好保险业助推脱贫攻坚工作的意见》，各保险公司积极践行"做贫有所助的保险"的号召，"金融扶贫、保险先行"在一些地方已取得成功的实践经验，保险成为各级政府工作的重要"抓手"。

（一）人身险

人身险是以人的寿命和身体为保险标的的保险。当人们因遭受不幸事故或疾病、年老丧失工作能力、伤残、死亡或年老退休时，根据保险合同的约定，保险人向被保险人或受益人给付保险金或年金，以解决其因病、残、老、死所造成的经济困难。贫困家庭中经常出现，家中为数不多的劳动力因遭受自然灾害、意外事故、疾病等，失去收入保障，家庭再度陷入贫困的状况，因此人身险对贫困家庭（特别是家庭劳动力）的保障作用是较为明显的。以下是近年来云南省开展的几个较为典型的针对扶贫对象的人身保险。

一是在昭通市开展民政医疗救助团体补充保险。对昭通市10个贫困县

（区）的城镇低保、农村低保和农村"五保户"三类特殊困难人群全覆盖，起到了减负增效的作用。昭通市民政医疗救助保险救助覆盖面持续扩大，五年来，累计为30.1万人次困难群众赔付资金1.2亿元。低保优抚人群生病住院通过民政救助医疗保险补偿后，个人医疗费用负担比例下降了9.66%。同时，昭通民政救助医疗保险实行全市城乡统一的救助比例和救助封顶线，民政与保险机构联合办公，实现了赔付的"一站式"即时结算，报销时间由原来的几周缩短为不到1小时。保险机构还通过医疗巡查、抽查等方式，提高救助工作效能，有效减少不合理支出。

二是在楚雄州武定县开展"扶贫保"家庭综合保险试点。自2016年起，针对2.17万建档立卡户、7.95万建档立卡人口设计了精准扶贫方案，包括为建档立卡贫困人口提供每户3万元的意外身故保障、3万元的意外伤残保障、每人3000元的重大疾病保障、每人500元的疾病身故保障和每户最高1万元的房屋财产损失保障。该项目已于2016年10月正式开始实施。

三是普洱市宁洱县开展了政府扶贫救助保险。政府扶贫救助保险包含自然灾害救助保险、意外事故救助保险和医疗救助保险，努力减少因灾、因意外、因病致贫。保险救助对象为患27种重大疾病的建档立卡户家庭和患9类15个病种的非建档立卡户困难家庭。每年投保一次，保险期限为一年，保险费按每人每年100元收取。其中，未脱贫建档立卡贫困户的家庭，县级财政补助70%；已脱贫建档立卡户及非建档立卡户困难家庭，县级财政补助50%。

（二）高原特色农业保险

为解决云南省广大农民的贫困问题，近年来，省政府开始大力推进农业供给侧改革，着力发展云南高原特色现代农业。然而，在农业生产阶段，自然灾害频发，导致部分农民因灾致贫、因灾返贫；农业销售阶段，农产品价格的剧烈波动使农民群众的收入得不到保障，增大了脱贫攻坚的难度。针对上述两个问题，农业产量保险有助于解决农民在农产品生产阶段所面临的减产问题；"农业价格保险+期货"有助于解决农民在农产品销售阶段所面临的价格波动问题。

2016年，云南省农业保险"增品、提标"取得突破。全年新增农险品种8个，其中普洱市咖啡价格保险和楚雄州白芸豆、魔芋、山药价格保险填补了云南省价格保险空白，农业保险已经发展到30个品种。全年农业保险保费收入11.72亿元，赔款支出7.89亿元，同比增长21.52%，89.56万农户直接受益。

2018年上半年，云南农险险种已达43个，基本覆盖了云南农业经济发展中地位重要的粮食作物、经济作物、大小牲畜和经济林木，农业保险为农业生产经营提供风险保障1178.5亿元，同比增长56.05%，累计赔款支出2.24亿元，受益农户达到53.12万户。

在助力地方优势农业产业发展方面，以烟叶为例，2018年上半年，保险行业继续为全省600余万亩烟叶提供70亿元的风险保障，并按照保险公司和烟草公司各承担50%的比例，减免全省建档立卡贫困户投保烟叶保险的自缴保费744.14万元。

除了优势作物，保险业还为地方扶贫产业发展量身定制特色农业保险产品，高原水果、中草药、肉牛等特色险种陆续开办。2018年以来，地方特色农险在全省累计承担风险保障16.7亿元，支付赔款1570.36万元，为稳定贫困农户收入提供了有效保障。例如，2017年昆明市开办的能繁母羊、马铃薯特色农险试点，2018年上半年已为受灾农户分别赔付227.04万元、56.55万元，涉及出险能繁母羊2838只、出险马铃薯1.78万亩。

通过开展升级创新项目，农险抵御市场风险的能力也在提升。在普洱市宁洱县、楚雄州姚安县等咖啡产地，咖啡价格保险对保险期内咖啡价格低于约定平均收购价的部分进行赔偿，对建档立卡贫困户给予90%的保费补贴，为602户建档立卡户的6171亩咖啡提供折合1911元/亩的收入兜底保障，有效地提升了贫困户增产致富积极性、扩大了种植面积、带动了产业发展。

在西双版纳、临沧、普洱等州、市橡胶主产区，保险企业通过开展"保险+期货+扶贫"项目，为胶农提供价格下跌风险保障。首期项目自2017年9月试点以来，向国家级贫困县临沧市耿马县等县的胶农和农场约16万亩橡胶提供了2.741亿元的兜底收入保障，将橡胶市场价格波动风险分散至资本市场，锁定贫困户预期收入，坚定脱贫致富信心。2018年上半年已累计赔付1005.23万元，惠及2000余户建档立卡贫困户。

（三）巨灾保险

巨灾保险是指对因发生地震、飓风、海啸、洪水等自然灾害，可能造成巨大财产损失和严重人员伤亡的风险，通过巨灾保险制度，分散风险。云南省自然灾害频发，造成较大的经济损失，农户深受因灾致贫、因灾返贫的困扰，巨灾保险的推出和推广将起到积极的经济补偿作用，提升灾后恢复重建的能力。

大理州政策性农房地震保险作为全国首例地震保险试点，自2015年8月启动以来，已先后完成了3次地震保险赔款，累计赔款6300多万元，惠及1.5万多户农户。其中，重建2073户，户均增加资金1.4万~2.5万元；修缮加固12976户，户均增加资金1000~2000元。通过试点，保险在巨灾风险管理方面的经济补偿作用得到了充分体现，有效地转移了风险，弥补地震恢复重建资金不足，切实减轻了受灾群众重建负担，提升了灾后恢复重建能力，是对云南省巨灾救助体系机制加以补充和完善的积极探索。

2016年6月，陈豪书记对《云南保监局关于保险业应对"5·18"大理云龙地震情况的报告》作出重要批示："要全面深入总结全国巨灾保险试点经验，适时推广经验做法，适当扩大试点范围，争取实现地震保险大理模式在全省乃至全国范围内推广。"

2017年10月，玉溪市人民政府与诚泰财产保险股份有限公司签订协议，玉溪市政策性农房地震保险试点工作正式启动。玉溪试点方案保费总额为1873万元（户均39元），由省、市、县三级财政承担。试点方案明确为玉溪市所辖7县2区48.03万户农村房屋及玉溪市居民提供每年累计最高2.86亿元的地震保险保障，在保险保障年度内，根据地震震级不同，玉溪市农村房屋保险可获累计最高保险赔偿金24000万元，居民人身保险可获累计最高保险赔偿金4600万元。2018年8月13日，云南省玉溪市通海县发生5.0级地震，诚泰保险在震后32小时内完成玉溪通海地震巨灾保险理赔，1600万元地震保险赔款划拨至玉溪市民政局账户，为灾后重建提供了有力的保险支撑。

截至2018年12月，云南省仅有大理州和玉溪市实施了政策性农房地震保险，边疆八个州、市都尚未实施政策性农房地震保险，但是边疆州、市同样存在建立巨灾保险制度的需要。例如，2018年9月8日，云南省普洱市墨江县发生5.9级地震，截至9月9日20时，共发生余震198次，最大余震4.7级。经初步核查，地震造成墨江县15个乡（镇）168个村24824人不同程度受灾，其中4个乡镇（通关、鱼塘、联珠、雅邑）28个村严重受灾，致27人轻伤，27名轻伤群众中，1名在墨江县中医医院治疗，4名在墨江县人民医院留院观察。地震造成房屋受损29398间（倒塌149间、严重受损15140间、一般受损14109间），交通、水利、市政、电力、通信、教育、卫生等基础设施损毁严重，群众生产、生活受到重大影响。

云南边疆地区受灾严重，山高路远、人口分散，防灾减灾和救助手段都相当缺乏。云南省急需建立面向全部农村地区、统一提供基本巨灾保险保障的财政政策，构筑起坚实的民生保障网，防范因灾返贫、因灾致贫。

三、"信贷+保险"产品

除了上述的信贷和保险产品之外，还有较为创新的"信贷+保险"产品，如小额贷款保证保险、农业保险保单质押贷款等。在脱贫攻坚战中,"三农"和小微企业固有的问题使金融机构不愿放贷,农民和小微企业难以获得资金支持、扩大生产,而上述的"信贷+保险"产品,可使银行降低融资风险,促进保险机构借助农村金融机构网点开拓市场,形成信贷和保险的良性循环效应,有助于解决信息不对称问题,实现风险分散,一定程度上可以缓解农民与小微企业资金短缺的问题。

云南省探索以小额贷款保证保险为工具,风险补偿资金为重要保障、"信贷+保险"银保合作模式为创新,先后出台了《云南省小额贷款保证保险试点工作实施方案》《云南省小微企业新增贷款风险补偿资金管理办法》和《云南省小额贷款保证保险风险补偿资金管理办法》等配套文件,自2014年起在全省范围内试点小额贷款保证保险,促进小微企业转型升级、创新发展,缓解小微企业融资难、融资贵问题,增强经济发展内生动力。同时,积极防控风险,构建风险控制五道防线,一是建立风险共担机制和政府超赔基金,二是严控资金专款专用,三是建立贷款风险叫停机制,四是探索建立借款人失信惩戒机制,五是建立欠款追讨机制。截至2015年12月31日,云南省共受理小额贷款保证保险项目328个,涉及全省16个州市。公司审核通过出具承保意向函125份,意向贷款额度3.17亿元。已成功出单放款项目53个,支持53家小微企业通过保证保险融资12640万元,落地小额贷款保证保险保费收入360余万元。

"政府+银行+保险"的小额贷款保证保险模式在各地得到积极探索推广,以解决贫困地区融资瓶颈。截至2017年底,累计支持云南117家企业通过小贷险项目增信获得融资2.6亿元,支付赔款2120.86万元。在昭通市巧家县、保山市龙陵县等地,运用保险增信机制和保险资金"支农支小"模式,2018年上半年已帮助深度贫困地区农业龙头企业获得1.5亿元资金额度,银行首批200万贷款已发放。

第四节 云南省普惠金融组织典型案例分析

基于笔者实地走访调研获得的一手资料,以下分析云南省普惠金融组织三个典型案例——富滇银行"格莱珉"扶贫模式、农村资金互助组织及农村信用社。虽然笔者走访的这三个普惠金融组织在地理上没有位于边疆州、市,但是其取得了较好的扶贫效果,其运行模式和精髓是值得研究的,边疆州、市可以酌情借鉴和开展①。

一、富滇银行"格莱珉"扶贫模式

富滇—格莱珉扶贫贷款项目是富滇银行与格莱珉中国合作，通过复制"一个标准的格莱珉模式支行"，在云南省大理市太邑乡建立项目点，为项目及周边区域的建档立卡贫困户和其他低收入农村居民提供小额贷款和培训支持，帮助建档立卡贫困户特别是贫困妇女，建立自己的小生意，使她们及她们的家庭摆脱贫困，过上更好的生活。

项目负责人先后两次赴大理市太邑乡调研富滇—格莱珉扶贫贷款项目，深入地处高原深山的项目点杉树林中心，现场观摩考察项目点五人贷款小组和中心会议活动场景，并参与"格莱珉模式与中国农村普惠金融发展集中调研暨学术研讨会"，与来自全国农村金融理论、政策研究和实践部门的40多位专家学者进行深入调研和学术研讨。

(一) 第一次实地调研

2017年7月27日，笔者对富滇—格莱珉扶贫贷款项目进行了调研。

1. 项目的目标和特点

项目目标：拥抱金融界不可接触者；通过无担保、无抵押的方式为客户提供贷款，给其创造创业机会，避免高利贷剥削；潜移默化地培养客户的储蓄习惯和个人责任感；帮助客户建立良好的征信记录，进入中国主流经济体系；帮助客户建立自信，增加社会资本；和会员一起关注他们家庭的环境卫生、健康、教育等，促进会员家庭全面协调可持续发展。

项目特点：无抵押、无担保；5人组成一个小组，2~10个小组组成一个中心，中心互助；五人之间不联保；持续性的小组培训；成员需要经过五天的培训过程，只有成功完成培训，小组才能得到工作人员的认证，成功拿到贷款；每周中心会议，分期还款；贷款主体为妇女；贷款可持续，半年可续贷，一年可提升额度；贷款必须用于创收的活动；工作人员提供上门服务。

---

① 在云南省大多数的农村地区，农村信用社几乎是唯一一家下设网点的金融机构，根据第七章中笔者在边疆州、市针对贫困户的问卷调查，有95.5%的贫困户知道周边有农村信用社/农村商业银行/农村合作银行（见图7-3）。对于农村资金互助组织，根据问卷调查结果，有17%的贫困户知道贫困村互助资金（见图7-5），并且笔者在"直过民族"聚居区普洱市澜沧县糯福乡调研时，乡干部对贫困村互助资金的运用给予好评，可见边疆州、市也有开展资金互助组织（由于笔者的能力和资源有限，未能到边疆州、市展开农村信用社和资金互助组织发展情况的调研，敬请谅解）。

2. 基本情况

富滇—格莱珉扶贫贷款项目点位于大理市太邑彝族乡太邑村民委员会·格莱珉项目办。项目点共有区域经理、支行经理、项目经理、运营经理各一名，中心经理九名，共计13人。

自2016年5月启动以来，截至2017年7月，项目在大理市太邑乡累计向280名会员发放贷款450万元，人均1.6万元，客户还款率达99.5%。

3. 扶贫贷款情况

贷款主要针对女性，免抵押、免担保，贷款金额为1万~2万元，贷款利率为10%（按余额递减法计算，例如10000元每年500元利息），期限一年，还款方式为按周等额还本付息（一年按50期方便计算），还款金额达到一半后符合续贷要求即可续贷已还贷款部分。设定5人为一个小组，2~10个小组组建一个中心，以"小组+中心+中心经理"为基础，每个中心每周定期召开会议，落实资金归还情况，并向会员提供技术、信息服务咨询。项目还向贷款农户约定：每周按贷款额度的1‰向个人账户进行储蓄，通过培养储蓄习惯，帮助贫困家庭提升家庭财务管理能力。

贷款采用微型金融常用的运作技术，包括：高频分期还款、动态激励、针对女性、强制储蓄、信贷附加等。值得注意的是，格莱珉最初的5人小组是联保性质的，现在格莱珉新的模式已不要求联保。

4. 扩展穷人的社会资本

格莱珉项目对目标客户刻画得很清晰。他们是农村最底层的人群，他们被社会排斥，自我封闭，没有勇气和自信，缺乏社交圈子。格莱珉项目的目标客户不是农村里的精英人群，这是它与其他项目或者机构的主要差别。

对于这一人群，贷款只是媒介和纽带，扶贫还需要从更多方面入手。例如，格莱珉项目要求家庭使用卫生厕所、饮水要清洁、孩子要上学等。每周固定的会议，让这一人群扩展社会网络，在小组内形成强相关，小组之间形成弱相关，构建熟人社区，扩展穷人的社会资本。

5. 格莱珉项目六条公约及实践情况

格莱珉模式持续关注会员及其家庭、所在社区的发展，包括经济条件的改善、生活质量的提高、社区的可持续发展。因此，格莱珉制定了六条公约，其内容如下：

（1）我们要做到——勤奋工作、团结纪律。

（2）我们要选择一个安全、舒适的地方召开中心会议。

（3）我们要让孩子得到好的教育，我们要赚钱来支付他们的学费。

（4）我们要使用卫生厕所、保证家庭内外环境整洁。

（5）我们每年至少要参加一次体检，并保持良好的健康习惯。

（6）我们要节约资源、保护环境。

富滇—格莱珉项目的会员大多数都参加了每年一次的体检，注重家庭环境整洁，关心孩子健康和教育，在格莱珉模式的帮助下，越来越多的会员家庭用上了卫生厕所。2016年9月开始联合慧起儿童发展中心一起推动农村儿童阅读的项目，至今在杉树林、先生邑、清水沟、太邑已经进行了12期的阅读活动。

（二）格莱珉模式与中国农村普惠金融发展集中调研暨学术研讨会

2018年1月11~12日，由云南财经大学金融学院和格莱珉中国联合举办的"格莱珉模式与中国农村普惠金融发展集中调研暨学术研讨会"在大理市太邑村富滇—格莱珉贷款扶贫项目点举行。来自全国农村金融理论、政策研究和实践部门的40多位专家学者，围绕中国农村普惠金融发展，以格莱珉模式为切入点，对大理太邑村富滇—格莱珉扶贫贷款项目进行深入调研和学术研讨。

格莱珉中国总裁高战指出，格莱珉模式高度透明化、连接化，其独特的小组和中心会议、社群网络等机制，能有效促进底层女性扩展社会网络，培育社会资本，运用金融工具创业并脱贫。

截至2017年底，富滇—格莱珉扶贫贷款项目在大理市太邑乡向346名会员累计发放贷款687.3万元，平均单笔贷款1.6万元，客户还款率达99.7%。关于贷款利息，格莱珉模式要求在资金来源成本的基础上加十个百分点作为贷款利息，因为大理市太邑乡是富滇银行扶贫工作"挂包帮"联系点，富滇银行提供信贷资金，因此只收取了10%的贷款利息，并且富滇银行将这部分利息按照"建档立卡户100%、非建档立卡户80%"的比例又返还给了借款者，进行利息补贴，减轻借款人的财务负担。

在"格莱珉模式与中国农村普惠金融发展集中调研暨学术研讨会"上，云南财经大学金融学院院长熊德平教授提出，普惠金融是一件充满人文情怀的社会金融事业，需要有情怀的人来坚守和研究与推广，也需要基于经济学、社会学、管理学、心理学、组织行为学等多学科理论视角和方法论，构建一门不同于传统金融学，但可以弥补其不足的有情怀的普惠金融学。格莱珉模式可能可以为其提供理解这一道理和构建原理的实践样本。格莱珉模式的本质是以小额信用贷款为载体，以为穷人建立社群为手段，通过为穷人构建社会网络，积累社会资本，唤起穷人内心的力量和信心，进而开发沉淀资源，实现精准扶贫的金融乡村振兴行动！

（三）富滇银行与格莱珉项目

格莱珉项目在孟加拉、美国、中国台湾等地都取得了较好的效果，但是在中国大陆的推进很不顺利。富滇银行是格莱珉模式复制在中国大陆首家项目落地的金融机构，这一项目能落地，原因主要有两点：一是富滇银行与太邑乡是定点帮扶关系，完成政治任务；二是在脱贫攻坚的大背景下，富滇银行董事长比较欣赏格莱珉模式，克服了行里的诸多阻力，最终促成了合作。

富滇银行为太邑乡的格莱珉项目提供运营经费和信贷资金，相当于富滇银行雇佣格莱珉项目的人员为富滇银行完成贷前及贷后工作。运营经费包括技术使用费（类似于加盟费）40万美元，以及所有人员劳务和办公等相关费用3年500万元；信贷资金没有上限。放款，资金直接打入村民在富滇银行的储蓄卡；还款，村民在每周开会现场以现金方式交给格莱珉的中心经理，中心经理在会议之后代为还款。这个过程中需要注意的是，富滇银行不得省略银监会规定的贷款流程和步骤，必须合规。同时，每周还款与银行现有体系无法匹配，需对银行系统重新进行改造。

富滇银行除了在大理市太邑乡进行格莱珉项目外，还计划在文山州和昭通市开展格莱珉项目，形成"1+3模式"，但是对于新的项目点，富滇银行不再提供运营经费，仅提供信贷资金。

以下是笔者的分析，富滇银行作为金融机构，其为格莱珉项目提供运营经费和信贷资金的动机或者利益何在？

大理市太邑乡太邑村为富滇银行脱贫攻坚"挂包帮"联系点，脱贫攻坚的政治任务是该项目启动的背景环境。富滇银行作为中国第一家与格莱珉进行合作的银行，富滇—格莱珉扶贫贷款项目对于富滇银行来说，也许声誉价值和政治资本方面的意义更为重要。

这一项目引起了媒体大量的关注和报道。2016年项目在落地时，被《人民日报》评价为："曾与创始人尤努斯一起获得诺贝尔奖的格莱珉银行发起的格莱珉模式，在中国得到了完整复制。"2017年被《长江商报》评价为："精准扶贫成中国'普惠金融'样本。"中国银行业协会"2016年中国银行业好新闻"评选中，富滇银行获"先进宣传示范单位奖"，新闻《贫困者无需抵押也能贷款 格莱珉银行模式在中国落地》获得好评。在中国银行业协会主办的《2016年度中国银行业社会责任报告》发布暨社会责任工作表彰会上，富滇银行荣获"年度最佳社会责任实践案例奖"，富滇银行大理分行营业部荣获"年度社会责任特殊贡献奖"。"2017年中国银行业十件大事、好新闻发布会"上，富滇银行报送的《扶贫攻坚看富滇——富滇银行引入格莱珉银行技术开展金融扶贫的实践》一文获评2017年中国银行业好新闻"最佳示范奖"。

可见,该项目作为中国首个落地的格莱珉项目,给富滇银行带来了较高的声誉价值和政治资本。这也是为什么富滇银行只复制"一个标准的格莱珉模式支行",而不是复制"标准化的格莱珉模式系统",即设立"一个总部+3个格莱珉支行",因为此时的成本收益率已接近最优,设立新的支行和总部,边际效益将会有较多下降。

二、农村资金互助组织

《国务院关于印发推进普惠金融发展规划(2016—2020年)的通知》提出:"积极探索新型农村合作金融发展的有效途径,稳妥开展农民合作社内部资金互助试点。"2016年,中国人民银行、发展改革委、财政部、银监会、证监会、保监会、扶贫办联合印发的《关于金融助推脱贫攻坚的实施意见》同样提出:"支持在贫困地区稳妥规范发展农民资金互助组织,开展农民合作社信用合作试点。"

截至2018年12月,全国持有银监会批准的资金互助社牌照的机构共计46家。云南省内并无持有银监会批准的资金互助社牌照的机构,只存在一些未经银监会批准设立的非持牌的农村资金互助组织。农村扶贫资金互助社是专门为促进农业农村发展特别是贫困农户脱贫致富而成立的社会组织,依据《云南省扶贫办 省财政厅关于进一步做好贫困村互助资金试点工作的指导意见》(云贫开办发〔2009〕203号)、《云南省民政厅 省扶贫办关于做好扶贫互助村登记工作的指导意见》(云民民〔2011〕93号)及《云南省扶贫办 省财政厅关于印发〈云南省贫困村互助资金绩效考评试行办法〉的通知》(云贫开办发〔2014〕14号)文件,其在云南省得到了较快发展,是云南省创新扶贫方式实施的一项惠民工程,为云南省精准扶贫、创新扶贫模式进行了积极的探索。截至2015年10月,云南省共有16个州市106个县(市、区)489个乡镇775个行政村组建了1467个扶贫资金互助社,成立了8657个互助小组,81824户农户加入互助社。全省互助资金总规模达到3.047亿元,有6.66万贫困农户通过扶贫互助社得到借款累计4.67亿元,按期还款率达到99.9%以上。

云南省玉溪市元江哈尼族彝族傣族自治县,其农村资金互助试点工作具有覆盖面广、地方党委政府组织推动有力、监管措施到位,社会力量参与度高,并与全县精准扶贫工作密切挂钩等特点,已经积累了一些有益的经验。因此,下文以云南省元江县卡腊村的农村资金互助会为例,对农村资金互助组织发展情况展开说明。

（一）政策支持

2016年7月，中共元江县委办公室、元江县人民政府办公室印发《元江县开展农村资金互助会试点工作实施方案》（元办发〔2016〕28号）（以下简称《方案》），对互助会的性质，互助资金的构成、收益分配及归属，组建互助会，建立健全经营管理制度，建立完善风险防控机制等具体内容进行了规定。

特别地，《方案》强调坚持扶贫对象精准原则，重点倾斜贫困行政村。其中，在贫困行政村成立互助会应当有95%以上的贫困户入会，在插花贫困户的行政村成立互助会应当有95%以上的插花贫困户入会。

（二）资金互助会运行规则

卡腊村资金互助会是元江县最早试点并稳定运行了3年的互助会，其实行会员制，入会需缴纳100~200元的入会费。最初实行村干部和党员先入会，新会员入会要有老会员介绍担保，以保证新会员的信用有保障，稳步扩大社员规模、逐渐扩大资金互助会的覆盖面。

互助会贷款采用联保小组形式，金额为3000~5000元，资金占用费（利率）仅为2%~4%。贷款整借整还，可以提前还款。

互助会封闭运行，不允许吸储，因此资金主要来源于以下四方面：一是挂钩帮扶单位、县财政和乡镇的补助互助资金，二是会员入会费，三是社会捐赠，四是少量的借款资金占用费收入。

互助会的管理机构与村委会高度重合，由村委会的相关工作人员进行管理，但工作人员没有额外报酬。互助会的放款与还款均通过现金的方式操作。

（三）资金互助会运行成效

2014年，中国人民银行玉溪市中心支行一次性注入资本金14万元，卡腊村资金互助会成立，其近三年的运行成效如表8-7所示。截至2017年7月，互助会并无坏账发生。

表8-7 2014~2016年卡腊村资金互助会运行成效

年份	互助社资金规模（元）	会员规模（人）	借款户（户）	贷款总额（元）	农民收入（元）	资金管理费（%）	互助会收益（元）
2014	146000	30	30	114000	300000	4	4560
2015	223360	44	37	185000	500000	4	7400
2016	640000	84	87	390000	1140000	3	11700

(四) 资金互助会存在的问题

元江县卡腊村农村资金互助会主要存在以下三个问题：一是资金互助社覆盖面不够广，与《方案》要求的"在贫困行政村成立互助会应当有95%以上的贫困户入会"存在较大差距；二是借款额度小，农户从互助社借款的积极性不高；三是部分借款对象还款能力弱，借款存在一定风险。

出现上述问题的主要原因，在于资金互助会现阶段为了稳健运行，将农村中最边缘的、最需要资金互助的贫困人群排斥在外。这一现象与普惠金融的宗旨发生了背离，一方面，造成资金互助会的覆盖面远远达不到《方案》的要求，另一方面，互助社中的精英人群对互助社小额借款的积极性不高，因为他们不是真正需要小额贷款的人群。

元江县卡腊村农村资金互助会出现的这一现象，与以往的研究结论基本一致。刘金海（2010）通过对7省9个贫困县18个互助资金村及1648份农户进行问卷调查，发现贫困村级互助资金更加有利于非贫困户。汪三贵等（2011）对中西部2省12个互助资金试点村480户农户的统计分析表明，贫困农户比其他农户更少使用互助资金。李金亚、李秉龙（2013）利用全国互助资金试点的农户抽样调查数据研究发现，互助资金没有瞄准贫困户，瞄准目标上移既有机构贷款供给方面的原因，也有贫困户贷款需求小的原因。由此可见，农村资金互助组织并没有瞄准贫困户，瞄准目标出现上移的情况，即更多的是有利于非贫困户，这与政府政策的初衷发生了偏离。

(五) 资金互助组织与格莱珉扶贫贷款项目的比较和总结

基于上述内容，笔者将资金互助组织与格莱珉扶贫贷款项目的主要区别归纳如表8-8所示。

表8-8 资金互助组织与格莱珉扶贫贷款项目的主要区别

项目	资金互助组织	格莱珉项目
云南省内典型案例	元江县卡腊村农村资金互助会	富滇—格莱珉扶贫贷款项目
资金主要来源	挂钩帮扶单位的补助互助资金	富滇银行
管理者	村委会	格莱珉项目办专职工作人员
目标客户	农村精英人群，逐渐带动至贫困人群	农村最底层的贫困人群
进入门槛	老会员介绍担保	无
贷款金额	3000~5000元	10000~20000元

续表

项目	资金互助组织	格莱珉项目
贷款利率	2%~4%	10%
还款方式	整借整还	每周等额还本付息
贷款期限	12个月,可提前还款	12个月,一般不可提前还款,期间可续贷
是否小组联保	是	5人一个小组,不联保
是否强制储蓄	否	是,每周按贷款额度的1‰向个人账户进行储蓄
是否针对女性	否	是

资料来源：笔者根据调研资料整理而得。

资金互助组织属于合作金融，通过自我管理的方式实现了低成本运营。格莱珉项目相较之下付出了高昂的成本，但是它深入农村最底层，对农村最贫困的人群进行了较好的行为引导与矫正，即对贫困会员在财务管理（每周还款、强制储蓄）、健康管理（饮水、卫生间）、人际交往（每周开会讨论）、技能培训（知识、技术、能力的培训）、家庭的希望（孩子上学）等方面不断进行引导与矫正，这是资金互助组织应当借鉴的方面。

三、云南省农村信用社

截至2017年末，云南省农村信用社（含农村合作银行、农村商业银行）共有营业网点2335个，自助设备13800余台，金融服务覆盖城乡，经营规模稳居全省金融机构首位。在云南省大多数的农村地区，农村信用社几乎是唯一一家下设网点的金融机构，在农村地区形成了"一家独大"的局面。

2017年12月，笔者走访调研了云南省农村信用社玉溪市江川区农村信用合作联社安化分社，期望能从正规农村金融机构的视角，深入了解普惠金融减缓贫困的问题。虽然江川农信社的地理位置不在边疆（安化乡属于山区少数民族乡），但是其长期扎根于农村，与当地农民建立了较为深入的关系，因此从它的视角也能窥探出普惠金融在农村发展的现状和问题。

玉溪市江川区农村信用合作联社有16个营业网点，180多名员工，据理事长介绍，农业贷款增速快并且实现了良性增长，农贷和个贷的不良贷款率皆低于1%，反倒是企业贷款的不良率较高。

在了解了总体情况以后,笔者前往安化乡安化分社进行调研。安化彝族乡是江川县唯一的山区少数民族乡,辖5个村民委员会,现有2700多户农户,只有1户烤酒企业。安化分社共有5名员工,在网点大堂笔者看到了惠农支付终端机和自助发卡机,大堂经理正在引导和教农户使用。

安化乡只有农信社一家金融机构,据悉,红塔银行曾经派出一个小分队来乡里发放银行卡,但是由于在乡里没有营业网点,农户日后只有到县城里才能办理业务,农户感到诸多不便,因此发卡的效果不理想,业务难以落地,成本过高。

安化分社对乡里91%的农户建立了经济档案,作为银行授信和农户用信信用评级的重要支撑材料,其余9%的农户达不到建档要求或者本身没有用信需求。经济档案通过本人自述、信贷员了解、邻居交叉陈述三种方式来建立。在放贷评分表中,有一栏为"信贷员根据重大调整因素可以进行定性调整的",因此信贷员要做到"人熟、地熟、情况熟"。农信社安化分社可以审批30万元以下的信用贷款和50万元以下的担保贷款,截至调研时,贷款余额为8185万元,贷款利率为5.8%。贷款多数用于生产、生活和消费。还款方式中,不定期还款法受到客户的欢迎,即按季度支付利息,本金的归还在期限内客户可自行选择时间。

金融机构和理性人一贯都是算经济账,很在意收益率和贷款利率的高低,然而农户却不是这样的。虽然农户们很信任农信社,愿意把钱存到农信社,但是他们极少会购买理财产品,即使理财产品的收益率较存款高出许多。农户们对收益率不敏感,但对风险敏感过度,所以只愿意存款、不愿意购买理财产品,一定程度上还存在主动拒绝和排斥金融服务的现象。贷款方面,农户对利率也不太敏感,他们更在意获得贷款的难易程度(时间和各种成本)和心理感受(舒适程度、归属感、便利性、话语权等),他们认为贷款付利息是正常的,但是"在我需要的时候你要帮我"。因此,江川农信社理事长一直强调:"守人心才能守住阵地。"

关于江川农信社未来的发展,理事长归纳为全面回归支农支小,服务实体经济,根深则叶茂。江川农信社大楼内有一句标语:扎根"三农"是我社立社之本,服务"三农"是我社强社之基,支持"三农"是我社发展之源。这一策略背后其实有两笔"经济账"。一是过去企业坏账太多,江川农信社税后净利润一亿多元,但是拨备覆盖计提了1.3亿元,正在用"真金白银"来填以前企业贷款的窟窿,而农贷和个贷的不良率都在1%内。二是在基层设立营业网点,看似运营成本很高,但是固定资产可以按周期(10~60年)进行成本分摊,并且在当地吸收的存款量远远大于贷款量。在银行业普遍流动性紧张的局面下,江川农信社却被动负债很多,有45亿元的储蓄存款,多余的资金大概可获得4.5%的投资收益率,这对于农信社获得利润做了很大的贡献。因此,金融机构支农支小的背后,不是只有一腔热血,还存在切切实实的经济利益。

第九章
云南边疆民族地区发展普惠金融减缓贫困的难点

本章基于前述供给方和需求方的调研情况,将云南边疆民族地区发展普惠金融减缓贫困的难点和问题归纳为五点:交通基础设施较为薄弱、普惠金融可得性有待提高、普惠金融使用情况欠佳、数字普惠金融覆盖不足、弱势群体金融素养较低。

需要说明的是,虽然交通基础设施不属于传统意义上的金融问题,但是笔者在调研过程中发现,云南边疆民族地区,特别是边境一线,落后的交通基础设施严重制约了产业和经济的发展,普惠金融的发展无从谈及。因此,笔者将该问题列为云南边疆民族地区发展普惠金融减缓贫困的难点之一。

第一节 交通基础设施较为薄弱

交通基础设施的薄弱,限制了边疆地区产业和经济的发展,影响当地居民收入的提高和产业扶贫作用的发挥,同时也限制了普惠金融的发展。俗话说:"要想富,先修路。"在边疆一线,交通基础设施建设直接影响当地产业和经济的发展状况。例如,笔者走访"直过民族"聚居区,同时也是边境一线的普洱市澜沧县糯福乡时了解到,当地的主要产业是栽种柠檬,但由于当地的路况不好,晴天能通路,雨天就困难,没办法把柠檬运输出去销售,所以种植规模也不敢扩大。云南省深度贫困地区往往也是交通落后的地区[①],落后的交通阻碍了当地资源优势转化成经济优势的进度,制约着金融资源进入该地区,更无法论及普惠金融的可得性和使用情况。

事实上,"直过民族"聚居区(多数是边疆一线的地区)的交通问题已

---

① 如深度贫困地区怒江州,"公路通车里程/国土面积"这一指标是全省最低值,只有全省平均水平的65%(见表7-6)。

经得到了国家的重视。云南省"直过民族"地区和沿边地区共涉及红河、德宏、临沧等 14 个州市的 64 个县（市、区），346 个乡镇 1487 个建制村 15854 个自然村，其中，20 户以上自然村 13904 个。全省"直过民族"地区、沿边地区公路以四级和等外公路为主，高等级公路比例仅为 6.3%，路面铺装水平较低、未铺装路面公路占 54.1%，13904 个 20 户以上自然村通畅率仅为 15.4%。"十三五"期间，交通运输部联合国家民委对云南省"直过民族"等地区自然村通硬化路建设进行了专题调研、规划，额外给予云南省"直过民族"等地区自然村通硬化路特殊的支持政策，用以解决这些地区的自然村通硬化路问题，按照规划，中央补助资金占工程总造价的 50%以上。2017 年，云南省编制并开始实施《云南省"直过民族"地区、沿边地区较大人口规模自然村通硬化路建设规划》，要求用 4 年时间，至 2020 年完成 2.5 万公里自然村硬化路建设任务。然而面临的现实问题是，虽然交通运输部对云南省"直过民族"等地区自然村通硬化路建设给予每公里 25 万元的补助（上文中提及按照规划中央补助资金占工程总造价的 50%以上），但是"直过民族"地区山高谷深，交通建设单位投入成本远高于 50 万元的规划。例如，《云南省西双版纳景洪"直过民族"地区、沿边地区较大规模人口自然村通硬化路建设项目实施方案的批复》（西交发〔2017〕378 号）中提及，投资概算 75 万元/公里，资金来源为：中央投资 25 万元/公里、省级投资补助 10 万元/公里、州级配套 40 万元/公里。自然条件更恶劣的地方，如怒江的部分地区，最高每公里投入 150 多万元。但是这些地区大部分都是贫困县，地方财政自给率低（"直过民族"聚居区很多县的财政自给率不到 20%），州级和县级很难达到资金配套要求（有的地方州级只配套到 10 万元/公里）。据笔者在普洱市澜沧县的调研，在资金投入无法达到交通建设正常标准的情况下，通常会修窄路面以节约成本，但是路面过窄，迎面而来的车会车就相当麻烦。

第二节 普惠金融可得性待提高

虽然边疆八个州、市的国土面积占云南省总面积的 51%，但是人口相对较少（占比 40%）、经济发展落后（生产总值占比 31%），因此金融资源相对匮乏，普惠金融可得性有待提高。

从统计数据上来看，2017 年云南省边疆八个州、市拥有的商业银行支行、农村信用社和村镇银行数量,只占云南省全省总数的29%、41%和33%(见表8-1)。人口维度上,平均每万人拥有的商业银行支行、农村信用社和村镇银行数量分别为0.42个、0.32个、0.02个(笔者进一步计算而得),较全省平均水平0.55个、0.30个、0.03个来说,商业银行支行数量较少;地理维度上,平均每万公顷的商业银行支行、农村信用社和村镇银行数量分别为0.42个、0.28个、0.02个(笔者进一步计算而得),较全省平均水平0.68个、0.38个、0.04个来说,商业银行支行、农村信用社和村镇银行数量都明显较少。可见,云南边疆地区在商业银行支行等金融服务点的指标上,可得性有待提高,特别是地理维度上与云南省平均水平差距较大。

从笔者在云南边疆民族地区针对农村贫困户的调研来看,大多数的受访者对于身边的金融机构只知道农村信用社。笔者在红河州开远市大庄回族乡调研时,也发现整个乡只有唯一一家金融机构,即农信社,在乡政府附近,村里的居民们往往需要步行或者乘车一段时间,才能到达农信社办理存款和取款等业务;乡里没有保险公司的营业网点,市里的某家保险公司每隔一段时间会过来集中办理一次车险等保险业务。根据第七章针对200位贫困户的调查,77%受访村民需要到乡镇才能办理存款或取款,23%村民需要到县里才能办理存款或取款;通常他们需要步行30~60分钟,或者乘车15~30分钟,走上3~18公里,才能到达可以办理存款或取款的目的地。可见,金融基础设施的薄弱,造成了传统普惠金融的可得性较低,一方面使大多数贫困人群被金融排斥,另一方面增加了贫困人群获得金融服务的交通成本和时间成本,对于他人几乎是"唾手可得"的金融服务,农村的贫困人群却需要付出较高的交通成本和时间成本才能获得。

谈完金融基础设施,我们再从贫困人群接触较多的金融信贷和保险产品方面来看可得性这一问题。对于政府的各类扶贫贷款,边疆地区200位贫困受访者听说和了解得最多的是扶贫贴息贷款和助学贷款(见图7-5),有部分受访者反映他们难以获得各种的政府扶贫贷款,一方面很多政策他们都无从获知,另一方面他们没有抵押、没有担保,觉得办理贷款手续麻烦,需要找熟人、找关系才能获得贷款,政策多变、不透明。对于向金融机构贷款,200位边疆贫困的受访者中,有57.50%的人从来没有向金融机构申请过贷款;3%的受访者由于没有抵押物或担保人,申请过贷款但是被拒绝了;39.5%的受访者获得过金融机构的贷款。对于农村地区的新农合、新农保,由于政府的强势推广,覆盖率已较高。但是对于农业保险,有1/3的受访者没有购买,原因是不知道有农业保险这回事,当我们询问受访者"还需要其他保险产品吗"?有受访者表示有需要,但不了解具体的保险产品,有4位受访者主动提及他们需要（人身）意外保险，但是同样由于没有了解的渠道，所以没有购买。可见，政府和保险公司在边疆地区需要加强保险产品的宣传和推广力度，以让边疆地区的贫困人群在有保险需求的时候，可以从相应的渠道获取保险的服务。

此外，部分普惠金融产品还未在边疆地区发展起来，如第八章所介绍的政策性农房地震保险。2016年6月，陈豪书记作出批示："争取实现地震保险大理模式在全省乃至全国范围内推广。"但是截至2018年12月，云南省仅有大理州和玉溪市实施了政策性农房地震保险，边疆八个州、市都尚未实施政策性农房地震保险。云南边疆地区自然灾害频发、受灾严重，山高路远、人口分散，防灾减灾和救助手段相当缺乏，农户们深受因灾致贫、因灾返贫的困扰。如果能在边疆地区推广地震保险等巨灾保险，将对受灾群众起到积极的经济补偿作用，提升灾后恢复重建的能力。

最后，从普惠金融组织的角度来看可得性这一问题。在第八章中，笔者调研了三个比较有特点和代表性的普惠金融组织。一是富滇—格莱珉扶贫贷款项目，这一项目对于项目试点地区的女性贫困者来说可得性较高，但是由于其运行成本高昂，还不具备全面推广开来的条件。二是云南省元江县卡腊村的农村资金互助会，笔者发现虽然《元江县开展农村资金互助会试点工作实施方案》强调坚持扶贫对象精准原则，但是资金互助会在实际运行过程中，最初实行村干部和党员先入会，新会员入会要有老会员介绍和担保，可见农村资金互助组织并没有切实瞄准贫困户，对贫困户的覆盖率较低，这与政府政策的初衷发生了偏离。三是云南省农村信用社玉溪市江川区农村信用合作联社安化分社，该机构同样是安化乡唯一一家金融机构，对乡里91%的农户建立了经济档案，作为银行授信和农户用信信用评级的重要支撑材料。上述三个案例中，云南农信社安化分社可以看作一般农村金融机构的缩影，富滇—格莱珉扶贫贷款项目是成本高昂却充满人文情怀的普惠金融实验，资金互助组织属于合作金融的一个范例。云南农信社在云南农村地区几乎是"一家独大"的局面，其尽力与当地农户们建立广泛的金融来往；格莱珉项目专门针对贫困女性，其可得性最高，但其运行的成本也是最高的，难以大规模推广；资金互助组织以内部自我管理的方式实现了低成本运营，但是其运行过程中出现了对贫困户排斥的情况，对于贫困人群来说可得性较差。

第九章　云南边疆民族地区发展普惠金融减缓贫困的难点

第三节　普惠金融使用情况欠佳

云南边疆民族地区发展普惠金融，除了可得性有待提高外，普惠金融服务的使用情况也欠佳。

从统计数据上来看，2017年云南省边疆八个州、市在存贷款方面，各项存款余额和各项贷款余额占云南省的比重为24%和19%（见表8-2），人均存款余额和人均贷款余额约为39918和25871元，明显低于全省大约平均值62418元和52909元（见表8-3）。保险方面，财产险、寿险、意外伤害险和健康险保费收入占云南省的比重为28%、25%、25%和27%（见表8-2），人均保费约376元、367元、29元、111元，明显低于全省大约平均值531元、543元、43元、160元（见表8-3）。

从笔者在云南边疆民族地区针对农村贫困户的调研来看，受访者平时习惯于现金交易，对金融基础设施的使用较少。调查者中只有56%的受访者使用过ATM，使用过POS机、网上银行、手机银行、网络支付、手机支付等金融服务的受访者都只有10%左右。同时，受访者接触过的金融服务较为单一，大部分受访者只办理过存款、取款等简单的金融业务（不少受访者还是为了到银行网点领取最低生活保障金才去办理的），对于贷款、转账汇款、买保险等金融业务接触较少。大部分借款者通过个人抵押（51.9%）和个人信用（37.97%）的方式来获得贷款，采用小组联保方式的较少（8.86%）。89.87%的借款者认为贷款利率较高，希望商业银行降低贷款利率；46.84%的借款者认为商业银行应改善服务水平。对于如何防范农业风险，多数受访者表示发生灾害时依靠政府救济，或自己平时多存一些钱，抑或听天由命，只有不到三成的参与者认为应提前购买农业保险来应对风险。农户购买农业保险时最关心的事情为：出险后能赔多少、所缴保费的多少、保险公司承诺是否属实。对于不购买农业保险的原因，19.68%的受访者选择了索赔困难，17.02%的受访者选择了所缴保费太高。可见，在金融基础设施、贷款、保险等方面，边疆地区贫困人群对普惠金融的使用情况欠佳。

从普惠金融组织的角度来看使用情况这一问题。富滇—格莱珉扶贫贷款项目除了为农村底层的贫困妇女提供小额贷款外，还在财务管理（每周还款、强制储蓄）、健康管理（饮水、卫生间）、人际交往（每周开会讨论）、技能培训（知识、技术、能力的培训）、家庭的希望（孩子上学）等方面对底层人群的行为不断地进行引导和矫正,截至2017年底,项目在大理市太邑乡向346名会员累计发放贷款687.3万元,平均单笔贷款1.6万元,贷款利率先收取10%再按比例返还给借款者①,客户还款率达99.7%,项目除了提高了贫困妇女的收入,还使贫困家庭的生存状况有了较大改善,但是其缺陷在于运营成本过高,难以大范围推广。云南省元江县卡腊村资金互助会,贷款采用联保小组形式,金额为3000~5000元,资金占用费(利率)仅为2%~4%,截至2017年7月互助会并无坏账发生,从2014~2016年的运行情况来看(见表8-7),其在一定程度上帮助会员提高了收入,但由于其瞄准的不是底层的贫困人群,获得资金的会员普遍觉得3000~5000元资金量太小,发挥不了多大的作用。云南省农村信用社玉溪市江川区农村信用合作联社安化分社,有权限审批30万元以下的信用贷款和50万元以下的担保贷款,截至2017年12月贷款余额为8185万元,贷款利率为5.8%,农业贷款和个人贷款的不良率都能控制在1%内,然而由于农信社在农村地区几乎是"一家独大"的局面,吸收的存款未能全部用于发放当地的贷款②,反而是从金融资源本就缺乏的农村地区将资金调拨到城市地区赚取利润,未能很好地服务农村的经济社会发展。普惠金融发展面临"高效抽水、低效灌溉"的困境,县域及农村发展滞后,农业现代化、农村基础设施建设、农民减贫增收更应获得外源性资金的流入支持,但事实上资金却长期外流。

第四节 数字普惠金融覆盖不足

云南边疆民族地区,地广人稀,经济发展落后,金融服务网点少,布局金融物理网点的成本较高,普惠金融难以维持"可持续发展"。2018年9月中国银行保险监督管理委员会发布的《中国普惠金融发展情况报告》(摘编版)指出:"数字普惠金融引领,是普惠金融可持续发展的重要出路。"但是

---

① 关于贷款利息,格莱珉模式要求在资金来源成本的基础上加十个百分点作为贷款利息,因为大理市太邑乡是富滇银行扶贫工作"挂包帮"联系点,富滇银行提供信贷资金,因此只收取10%的贷款利息,并且富滇银行将这部分利息按照"建档立卡户100%、非建档立卡户80%"的比例又返还给了借款者,进行利息补贴,减轻借款人的财务负担。

② 江川农信社理事长谈及,在银行业普遍流动性紧张的局面下,江川农信社却被动负债很多,有45亿元的储蓄存款,多余的资金大概可获得4.5%的投资收益率,这对于农信社获得利润做了很大的贡献。

现阶段在云南边疆地区，数字普惠金融的发展情况却不容乐观。

依据北京大学测算的数字普惠金融指数，云南省八个边疆州、市的数字普惠金融指数的平均值，在2011~2015年皆低于八个非边疆州、市（见表8-4）。以2015年的数字普惠金融分维度数据来看（见表8-5），边疆州、市的主要差距在于"覆盖广度"这一指标，这一指标是通过电子账户数（如互联网支付账号及其绑定的银行账户数）等来体现的，可以看出边疆州、市在拥有电子账户数量的覆盖广度上较为不足。

除了覆盖广度这一问题外，数字普惠金融在边疆地区贫困人群中的"使用深度"较弱。根据第七章中笔者对边疆地区贫困户的调查，只有56%受访者使用过ATM，使用过POS机、网上银行、手机银行、网络支付、手机支付等金融服务的受访者都只有10%左右。由此可以看出，边疆地区贫困人群能进一步使用数字化信贷、投资、保险等业务的更是少之甚少。同时，根据中国人民大学中国普惠金融研究院（CAFI）2019年1月发布的《在曲折中前进——中国数字普惠金融发展报告》，无论是在发达地区还是在贫困地区，贫困人群都是数字普惠金融普及的"短板"，需要投入更多的资源加以解决。

上述问题产生的原因，一是从全国范围内来看，云南省发展数字普惠金融的基础设施（通信、网络等）相当薄弱[①]，云南省边疆地区的状况更是不容乐观；二是由于边疆地区总体上经济发展水平落后，导致正规金融机构和金融科技公司进入程度较低，数字普惠金融供给方的推广力度还不够大；三是数字普惠金融的需求方即边疆地区的用户（特别是贫困人群），获取的金融服务获取方式及获得数字普惠金融相关知识的渠道等还需要进一步改进。

---

① 根据2018年8月中国互联网络信息中心（CNNIC）发布的第42次《中国互联网络发展状况统计报告》，截至2018年6月，我国网民规模为8.02亿，互联网普及率为57.7%。我国城镇地区互联网普及率为72.7%，农村地区互联网普及率为36.5%，互联网在城镇地区的渗透率明显高于农村地区。根据第39次《中国互联网络发展状况统计报告》（后续的报告没有再公布各省的互联网普及率），截至2016年12月，云南省互联网普及率仅为39.9%，居全国倒数第一位，远低于全国53.2%的平均水平。同时，根据《2018云南统计年鉴》，2017年云南省总人口为4800.50万人，移动电话用户为4228.40万户，（固定）互联网宽带接入用户为812.60万户。2016年，云南省八个边疆州、市的"移动电话用户/总人口"及"固定互联网宽带接入用户/总人口"的平均值分别为0.86和0.13（见表7-6），明显低于全国平均水平0.96和0.21。由于客观条件所限，各州、市的互联网普及率无法查询到。

第五节 弱势群体金融素养较低

普通民众尤其是农民的金融素养较低是现阶段普惠金融发展遇到的"拦路虎"。金融素养包括消费者的金融知识、态度、行为和技能,良好的金融素养有助于消费者作出适当的金融决策,降低系统性行为偏差,提高金融市场参与度并降低金融风险。根据中国人民银行发布的《消费者金融素养调查分析报告(2017)》,教育、收入、地域、年龄和职业五个因素与消费者金融素养得分显著相关,东部地区消费者金融素养水平高于中部、西部和东北地区,城镇居民金融素养要高于农村居民,受教育程度、消费者收入与金融素养在95%以上的水平显著正相关,"务农"与金融素养显著负相。同时,我国消费者金融素养水平发展存在一定的不均衡,在校学生、边远地区贫穷人群、劳务流动人口、残疾人等应当成为金融消费教育的重点群体。

中国人民大学中国普惠金融研究院也针对金融素养的问题进行过调研,发现在供给方面,农村正规金融教育供给不足,金融机构是为农民提供金融教育培训的主要主体,政府部门和教育机构的贡献度相对较低;需求方面,农户提高金融能力的积极性不高,特别是贫困程度直接影响和制约着金融学习态度,对比建档立卡贫困户与非建档立卡贫困户参加金融教育培训的情况可见,两者中参加培训的农民比例分别为3.84%和10.41%。对于建档立卡贫困户,较低的受教育水平及较贫困的状态伴随的是较低的金融培训意愿,而较少的金融培训又会影响其金融能力的提升。

居住在云南边疆民族地区的贫困人群,很多人习惯于现金交易,不懂得如何操作ATM、POS机,通常需要付出较大的交通成本和时间成本到乡镇的金融机构网点获取最基本的存、取款金融服务。多个少数民族人均受教育年限低[1],他们大多金融知识欠缺,不懂得"信贷""汇率""通货膨胀"等基本经济词汇的含义,有的农户跟风购买农业保险后,仍然不知道"保险"是什么、有什么用。金融知识的缺乏导致他们信用意识和风险意识薄弱,部分

---

[1] 根据2010年云南省第六次全国人口普查的数据,云南15个特有少数民族平均受教育年限为6.93年,其中拉祜、傈僳、德昂三个民族人均受教育年限还不到6年,分别为5.97年、5.93年和5.76年。

农村地区整体信用环境较差，部分农户不能正确区分"补助"和"信贷"；许多农户对生活中的风险（如农业中的自然风险和价格风险）采取顺其自然的态度，不懂得积极管理，对金融决策中的风险也不能正确评估和判断。他们在一定程度上存在自我封闭的状态，对新事物的接受能力弱，很少有人能使用移动支付、手机银行、网上银行等数字化金融服务，同时对政策、经济、金融、保险等方面的信息灵敏度较低，不能及时获取和利用好政府的扶贫政策。对于边疆地区的弱势群体来说，较低的金融素养抑制着他们的有效需求，即使有些金融服务"唾手可得"，他们仍然不能有效地对接和享用，难以借助金融手段提高自我发展的能力。

第十章

云南边疆民族地区发展普惠金融减缓贫困的对策建议

基于前述五个方面的难点分析，笔者相对应地提出云南边疆民族地区发展普惠金融以减缓贫困的五个对策建议：一是推进交通基础设施建设，二是提高普惠金融的可得性，三是改善普惠金融使用情况，四是扩大数字普惠金融覆盖，五是提升弱势群体金融素养。

第一节 推进交通基础设施建设

云南边疆民族地区交通基础设施的建设，不仅直接关系当地经济的发展，而且事关国防安全和边境稳固，需要财政、金融等多种手段共同发力来提供强有力的资金支持。

财政方面，国家交通运输部额外给予了云南省"直过民族"等地区（多数是边疆一线地区）自然村通硬化路特殊的支持政策，但是由于山高谷深，交通建设单位投入成本高，地方财政自给率低，州级和县级财政很难达到资金配套要求。建议在不给县级财政增加负担的前提下，云南省政府向国家争取适当提高交通运输部的补助标准，每年增加自然村通硬化路指标，促进"直过民族"聚居区自然村通硬化路建设，解决交通基础设施薄弱的问题。

金融方面，银行业继续加大农村基础设施信贷投放力度，主要通过基础设施建设行业中长期贷款[①]，为基础设施"补短板"提供强有力的资金支持。银行业金融机构积极探索开展收费权、特许经营权等担保创新类贷款业务。对于收益较好、能够市场化运作的农村基础设施重点项目，可以为其开展股权和债权融资服务。

[①] 截至2018年9月底，云南省基础设施建设行业中长期贷款余额8714.98亿元，比年初新增734.85亿元。

此外，继续探索政府和社会资本合作（PPP）机制在基础设施领域的运用[1]。各地积极探索通过政府和社会资本合作模式，引导社会资本投向农村基础设施领域。按照"公益性项目、市场化运作"理念，大力推进政府购买服务，创新农村基础设施建设和运营模式。地方政府可将农村基础设施项目整体打包，提高收益能力，并建立运营补偿机制，保障社会资本获得合理投资回报。依据《国家发展改革委 中国证监会关于推进传统基础设施领域政府和社会资本合作（PPP）项目资产证券化相关工作的通知》（发改投资〔2016〕2698号），借鉴2017年3月我国首批传统基础设施PPP资产证券化项目落地的经验，积极组织云南省基础设施领域PPP项目申报国家发展改革委PPP资产证券化推荐项目，鼓励PPP项目通过资产证券化盘活存量资产，力争尽快发行PPP项目证券化产品，推动PPP项目融资方式创新。

第二节 提高普惠金融的可得性

（一）政府主导，加强金融基础设施建设

针对云南边疆民族地区金融资源不足、普惠金融发展滞后的现状，以政府为主导，加强边疆地区金融基础设施建设，为边疆农村地区建设为农户办理税收缴纳、农村医保汇缴、农户征信信息登记、理财产品购买、金融知识宣传的"一站式"综合服务站[2]提供更大的政策扶持力度，以提升边疆农村地区金融服务的"覆盖率"。推进边疆地区信用信息服务体系建设，探索农户基础信用信息与建档立卡贫困户信息的共享和对接，完善金融信用信息基础数据库。健全农村基层党组织、"驻村第一书记"、致富带头人、金融机构等多方参与的贫困农户、新型农业经营主体信用等级评定制度，探索建立针对贫困户的信用评价指标体系，完善电子信用档案。此外，银行业金融机构可采取设立简易便民网点、开展巡回流动服务、广泛布设ATM、POS机和其他

---

[1] 2017年6月29日，云南省发展改革委召开PPP项目推介会，向社会公开推介基础设施领域PPP项目135个，项目总投资1894亿元。

[2] 2017年3月，中国人民银行昆明中心支行出台了《关于开展普惠金融服务站建设的指导意见》，将原有的惠农服务点建成为农户办理税收缴纳、农村医保汇缴、农户征信信息登记、理财产品购买、金融知识宣传的"一站式"综合服务站。截至2017年末，全省已建成2303个普惠金融服务站，实现蔗糖、烟草等农副产品非现金收购全覆盖，茶叶、咖啡、坚果等领域非现金收购覆盖面也逐步扩大。

金融自助服务终端等灵活方式，延伸服务范围。

（二）政府和金融机构共同提高边疆地区普惠金融产品的可得性

一方面，提高现有普惠金融产品在边疆地区的可得性。政府基层人员应宣传和推广扶贫小额信贷政策，把扶贫政策传播给更多的贫困人群，提高扶贫小额信贷的获得性和覆盖面。农村信用社、农村商业银行、农村合作银行等金融机构在建设农户信用信息的基础上，探索推行"一次核定、随用随贷、余额控制、周转使用、动态调整"的农户信贷模式，提高边疆地区农户的信贷可得性。鼓励保险机构建立健全乡级保险服务体系，配合政府基层工作人员加强高原特色农业保险产品的宣传和推广力度，继续推动农产品目标价格保险、"保险+期货"试点等新型产品的发展。鼓励保险机构建立健全针对贫困农户的保险保障体系，全面推进贫困地区人身和财产安全保险业务，缓解贫困群众因病致贫、因灾返贫问题。改进和推广小额贷款保证保险，为贫困户融资提供增信支持。

另一方面，加快推出更多适宜云南边疆地区的普惠金融产品。第八章介绍的政策性农房地震保险只在大理和玉溪进行了试点，八个边疆州、市都还未开展。现阶段，农房地震保险试点的保费全额由云南省、州、县三级财政分别按比例承担，农村居民难以主动投保风险概率不确定性明显的巨灾保险。鉴于云南省地方财力薄弱，建议云南省政府积极争取中央财政的政策支持，以扩大试点范围，建立面向全部农村地区、统一提供基本巨灾保险保障的财政政策。同时，应扩大试点范围，以使巨灾保险经营企业通过跨地区统筹来平滑巨灾保险损失，提高巨灾保险试点探索的可持续性。

（三）合作金融组织进一步提高普惠能力，避免出现"使命漂移"

根据前文的分析，云南省农村资金互助组织以内部自我管理的方式实现了低成本运营，但是其服务对象并没有瞄准贫困户，瞄准目标出现上移的情况，即"使命漂移"，使贫困人群较难获得互助资金的使用机会。这一问题的出现与贫困人群的经济行为、生活行为和心理行为密不可分。云南省农村资金互助组织未来的发展，可从以下几点来引导与矫正贫困会员的行为。一是培养贫困会员的自主管理财务能力，可借鉴格莱珉银行项目的财务管理方法，如可根据实际情况规定高频率的分期还款。二是利用贫困会员的心理账户，小额、分次促进储蓄，如格莱珉银行的项目要求借款者每周按贷款额度的1‰向个人账户进行储蓄，这种做法一方面可以帮助贫困家庭提升家庭财务管理能力，另一方面储蓄的资金可以视作贷款的一种隐性担保。三是提高贫困会员的基本素质，规定贫困会员如果要获得互助资金，家庭里的适龄儿童必须要上学、家庭要使用卫生厕所、饮水要清洁等；可以利用分期还款的时机定期召开会议，指导贫困农户的生产经营活动，对贫困会员进行各类知识科普和技能培训，提高其知识和技能储备。四是加强联保制度的约束，农村资金互助组织的五户联保制度（或者4~6户），除了承担资金的互相担保，也可以形成乡村建设、卫生保障等方面的担保。这样形成的"五户联保"公约会使资金互保小组成员之间形成更加紧密的关系，相互之间更具约束力，促进乡风的改善，充分发挥乡规民约的作用。

第三节 改善普惠金融使用情况

（一）提高农村金融综合服务站的使用率

升级惠农支付系统，整合支付、现金、国库、征信和金融消费权益保护服务功能，叠加农村电商平台（互联网+业务），建成综合性惠农金融支付服务体系，基层工作人员对农户加强宣传和引导，提高使用率，便利农户足不出村获取取款、转账汇款、代理缴费等基础金融服务，支持边疆地区农村金融综合服务站与农村电商服务点相互依托建设，促进资源高效利用。

（二）提升银行和保险机构的服务能力

一方面，提升银行业金融机构的服务能力。鼓励金融机构优化信贷管理流程，适度扩大县域信贷管理和产品创新权限，着力满足各类主体的有效信贷需求。鼓励开发性、政策性银行以批发资金转贷形式与其他银行业金融机构合作，降低小微企业贷款成本。农村商业银行应灵活运用支农支小再贷款再贴现、专项金融债等工具，增加低成本长期资金来源，在商业可持续的前提下，提升存贷款精细化定价能力，尽可能为"三农"和小微企业减费让利。鼓励银行机构立足资源禀赋、产业特色，积极开展金融产品创新，拓宽贷款抵质押资产范围，大力发展订单、仓单、应收账款质押等产业链、供应链金融，加大对产业集群的信贷支持，提升小微企业贷款获得率。鼓励银行机构对购买信用保险和贷款保证保险的小微企业给予贷款优惠政策。鼓励金融机构加大对高原特色农业的信贷投入，加强涉农金融产品和服务创新，推进"三权三证"为主的农村产权抵押融资试点。

另一方面，积极发挥保险行业的保障优势。保险与扶贫具有天然的内在联系，有独特的体制机制优势：通过保险市场化机制，对受灾贫困人口进行精准补偿，通过保险的大数法则和风险分散机制，放大财政资金使用效应，在更大范围内实现扶贫开发资源的优化配置。在保险扶贫过程中，政府行政力量与保险市场机制的有机结合，是保险助推脱贫攻坚精准性和可持续性的关键。政府要做好相关制度的顶层设计，提高基层组织的行政办事效率，做好向基层群众宣传推广的工作，加强各部门的多方协作；通过提高保障水平、降低保险费率、完善理赔条件和实施差异化监管等方式，突出对边疆地区的政策支持。由于贫困地区的自然条件、资源禀赋各不相同，贫困人口致贫原因和脱贫需求多种多样，保险公司要吃透政策、深入调研、分类开发、量身定做扶贫保险产品，设计出符合政府要求和农户需求的保险方案，以提高贫困人群对保险产品的满意度，构筑起贫困地区产业发展风险防范屏障。

(三) 减缓存款性金融机构资金外流

云南边疆民族地区，一方面经济落后、资金匮乏，另一方面县域和农村地区普遍存在资金外流的现象。农村信用社、农村商业银行、邮政储蓄银行等存款性金融机构是储蓄调动系统，而保险、租赁、理财在县域和农村地区的发展几乎是微不足道的。普惠金融发展面临"高效抽水、低效灌溉"的困境。要减缓资金外流的问题，首先，应以产业发展为支撑，提升边疆地区自我"造血"功能；其次，农村金融部门要为边疆地区升级农业基础设施，发展特色农业和特色精品旅游提供金融支持；最后，中国人民银行、中国银行保险监督委员会等政府部门应做好顶层设计，控制存款性金融机构资金外流的金融渠道，引导金融机构将吸收的存款主要用于服务当地经济社会发展。

第四节　扩大数字普惠金融覆盖

当前，边疆民族地区普惠金融供给的主体仍是传统金融机构，其开展的相关普惠性业务多数都依赖于政府的政策、担保、补偿、贴息来推进。一旦这些扶持政策停止，原来的普惠金融业务也就有可能戛然而止。数字普惠金融在服务"三农"、弱势群体、偏远地区等方面有其独特的优势，互联网、信息通信等数字技术与金融业的深度融合，为普惠金融发展提供了新思路，通过扩大金融服务边界、提升金融服务效率、降低金融服务成本、解决金融市场信息不对称，能够拓展普惠金融发展的深度和广度。

通过上一章的分析，我们可以看出云南边疆民族地区在发展数字普惠金

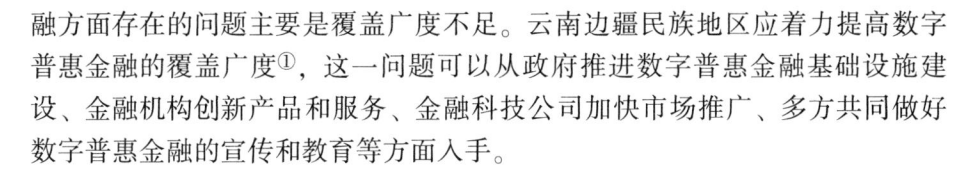

融方面存在的问题主要是覆盖广度不足。云南边疆民族地区应着力提高数字普惠金融的覆盖广度[①],这一问题可以从政府推进数字普惠金融基础设施建设、金融机构创新产品和服务、金融科技公司加快市场推广、多方共同做好数字普惠金融的宣传和教育等方面入手。

(一) 政府推进数字普惠金融基础设施建设

加强边疆地区数字网络基础设施,推动新一代信息通信网络优化升级,科学规划和合理配置网络资源,不断提高边疆地区宽带接入能力,逐步扩大移动网络覆盖面,推动无线网络工程建设。指导和推动基础电信企业简化资费结构,切实提高边疆地区宽带上网等业务的性价比,为贫困户提供更加优惠的资费方案。提高边疆地区物流、电子化金融服务能力,培育和发展新型农村金融服务主体和便民服务点,积极对接互联网电商企业寻求合作和培训机会(如阿里巴巴的农村淘宝"千县万村计划"项目),支持农村金融服务站与电商平台村级服务站的功能融合。加快农村大数据征信体系建设,推进农村经济活动的信息化。

(二) 金融机构创新产品和服务

金融机构应运用互联网思维,注重跨界合作、协同创新,促进金融与"三农"产业、农村社交网络、农业电商等的合作创新,推出更多适宜边疆地区的金融产品和服务,推动数字化普惠金融在边疆地区的发展。例如,商业银行可借鉴支付宝"花呗"的"1元投保"功能,与保险公司合作,在手机银行、信用卡等业务中增加"安全险",对手机或信用卡密码泄露、资金被盗的情况进行快速理赔,从而增强用户对无网点银行业务安全性的信心。再如,商业银行可以在边疆地区大力推广手机银行,使居民足不出户即可利用手机银行进行生活缴费、还贷款、进行小额理财等,还可以通过每日签到得金币、支付抵扣现金等获得小福利的方式,使手机银行用户产生"黏性",增加使用频率、慢慢培养习惯。这样一定程度上能逐步消除金融服务的地理歧视,提升手机银行客户覆盖率,提高客户的认知度和使用率。

(三) 金融科技公司加快市场推广

金融科技公司(如蚂蚁金服等)在大多数城市中已经完成了市场布局,进入激烈竞争的阶段,如支付宝和微信支付接连推出各种小额优惠活动来吸

[①] 2017年3月29日,云南省政府印发《云南省人民政府关于大力发展普惠金融的实施意见》(云政发〔2017〕18号),提出:"在边境、民族地区推进数字普惠金融示范乡建设。"

引用户。然而农村及边疆地区，由于经济较为落后，金融科技公司进入该区域的程度不深，市场还存在较多空白。金融科技公司可以利用小额优惠，加快市场推广。例如，阿里巴巴在云南省部分农村地区，为一线的小商贩制作个人收付款二维码，制作一个二维码仅收取 2 分钱的费用，小商贩在卖东西时让顾客通过扫码付款，每增加一个支付宝的新客户，小商贩可以获得 10 块钱。这种方式除了能提高电子账户覆盖率，对于小商户来说可避免收到假币，对于消费者来说不用携带现金，通过支付宝、微信支付等方式就可以方便、快捷地购物。支付仅仅是数字普惠金融打开市场的第一步，从日常的支付行为入手，提高广大居民的电子账户覆盖率，才能为后续的数字化信贷、理财、保险等金融服务打下基础。

（四）多方共同做好数字普惠金融的宣传和教育

政府、金融机构和金融科技公司应多方共同努力，做好数字普惠金融的宣传工作，改变边疆地区金融消费者对金融服务的获取方式，鼓励他们更多地运用数字化金融服务，以减少对物理网点的依赖。可以通过通俗易懂、喜闻乐见的内容与形式（可以采用小册子、大厅滚动视频等形式），为边疆地区金融消费者提供更便捷的金融知识获得途径，在金融意识和理念上形成更大程度的普惠。此外，针对近些年互联网金融领域爆发的风险事件，政府部门、金融机构等应大力宣传互联网金融知识，培养正确的金融意识，加强投资者风险教育，及时曝光金融欺诈行为，采取有效的消费者保护措施，妥善处理金融消费纠纷。

第五节 提升弱势群体金融素养

中国人民银行发布的《消费者金融素养调查分析报告（2017）》指出："明确金融消费教育的重点区域和群体，重视低净值人群，对在校学生、边远地区贫穷人群、劳务流动人口、妇女、残疾人等金融服务中的弱势群体制定相关倾斜政策，开展有针对性的金融消费者教育专项活动，帮助其提高对金融产品和服务的认知能力及自我保护能力，提升金融消费者素养和诚实守信意识，实现国民金融素养的整体提高。"

提升弱势群体的金融素养，更多地需要政府发力，引导金融机构和教育机构共同努力，强化普惠金融知识教育，引导弱势群体增强信用意识，懂金融、善用金融。具体来说主要包含以下几个方面。

(一) 政府提高教育发展水平，帮助弱势群体摆脱贫困文化的观念

贫困是一个综合性的问题。云南边疆民族地区存在部分少数民族，在其文化中存在贫困文化[①]的观念。落后的生产习俗、不合理的消费习俗、宗教文化的困扰、文化教育的缺失，都阻碍着其摆脱贫困。这一问题需要政府下更多的力气去解决，消除贫困文化的影响，关键还在于人的素质的提高，在于教育事业的发展。建议云南省政府向中央财政争取资金，将怒江州14年免费教育计划扩展至八个边疆州、市（或边境一线的25个边疆县、市）实施。

(二) 多方加强金融知识普及教育

政府应加强金融知识宣传，探索建立金融知识普及教育长效机制，培养社会公众的信用意识和契约精神。积极推广"金惠工程"，开展农村地区金融知识宣传与培训。充分利用"3·15"消费者权益日、"9月金融知识普及月"等时点普及金融知识。针对城镇低收入人群、困难人群、农村贫困人口、创业群体、残疾劳动者等开展专项教育活动。发挥媒体的宣传教育职责和舆论引导功能，提升宣传教育的渗透率和金融消费者参与度。

金融机构应加强基层机构对储户和信贷户的金融行为培养，面对面的金融行为培养效果优于空白的金融知识。贫困地区的金融机构乡镇营业网点应配备金融知识和金融行为的培养人员，在人们完成储蓄和信贷后，进行短暂的金融知识宣讲，此时，居民的耐心最好，心理意识行为最强。这种方式对加强储蓄意识和降低违约行为很有帮助。

对于教育机构而言，利用中学生九年义务教育阶段在校集中学习的机会，帮助学生接受较为系统、规范的金融基础知识教育，掌握必要的现代金融工具使用技能，并以此带动整个家庭金融素养的提升，让更多的贫困人群具备享受金融服务的能力。

此外，弱势群体的抗风险能力较弱，针对一些金融领域出现的案件高发

---

① 贫困文化理论是从社会文化的角度解释贫困现象的理论，它由美国人类学家奥斯卡·刘易斯（Oscar Lewis）通过对贫困家庭和社区的实际研究首次于《五个家庭：墨西哥贫穷文化案例研究》（1959年）一书中提出。这一理论认为，在社会中，穷人因为贫困而在居住等方面具有独特性，并形成独特的生活方式。穷人独特的居住方式促进了穷人间的集体互动，从而使他们与其他人在社会生活中相对隔离，这样就产生出一种脱离社会主流文化的贫困亚文化。处于贫困亚文化之中的人有独特的文化观念和生活方式，这种亚文化通过"圈内"交往而得到加强，并且被制度化，进而维持着贫困的生活。在这种环境中长成的下一代会自然地习得贫困文化，于是贫困文化发生世代传递。贫困文化塑造着在贫困中长大的人的基本特点和人格，使他们即使遇到摆脱贫困的机会也难以利用它走出贫困。

情况，政府和金融机构应运用各种新闻信息媒介开展金融风险宣传教育，强化金融风险防范意识，引导金融消费者根据自身风险承受能力和金融产品风险特征，理性投资与消费。同时，严厉打击金融欺诈、非法集资、制售使用假币等非法金融活动，保障贫困地区金融消费者合法权益。

附录

云南边疆民族地区普惠金融减缓贫困问卷调查

一、基本情况

1. 您的家乡位于云南省 _____ 州（市）_____（市）县 _____ 乡（镇）。
2. 您的性别：
   A. 男　　B. 女
3. 您的民族：
   A. 汉族　　B. 彝族　　C. 哈尼族　　D. 白族　　E. 傣族　　F. 壮族
   G. 苗族　　H. 回族　　I. 景颇族　　J. 阿昌族　　K. 其他
4. 您的年龄：
   A. 18~25 岁　　B. 26~40 岁　　C. 41~55 岁　　D. 56 岁及以上
5. 您的受教育水平：
   A. 未上过学　　B. 小学　　C. 初中　　D. 中专或高中
   E. 大专及以上
6. 家庭常住人口：
   A. 1~2 人　　B. 3~4 人　　C. 5~6 人　　D. 7 人及以上
7. 家庭年均纯收入：
   A. 3000 元及以下　　　　B. 3000~10000 元
   C. 1 万~2 万元　　　　　D. 2 万元以上
8. 家庭年人均纯收入：
   A. 2000 元及以下　　　　B. 2000~3000 元
   C. 3000~5000 元　　　　 D. 5000 元以上
9. 家庭常住人口中具有劳动力的有：
   A. 0 人　　B. 1~2 人　　C. 3~4 人　　D. 5 人及以上
10. 家庭劳动力人口从事的职业是：
    A. 农业　　B. 个体工商户　　C. 稳定务工　　D. 打零工　　E. 其他

11. 家庭纯收入主要来源于：

A. 种植业、养殖业、手工业及其他生产性收入

B. 自供自给的实物（以市场价格折算）收入

C. 批发零售贸易及餐饮业收入

D. 社会服务业外出务工劳务收入

E. 村组集体经济分配收入

F. 政策性收入（最低生活保障金、退耕还林、库区补助等）

12. 家庭困难的主要原因：

A. 因病　　B. 因残　　C. 因学　　D. 因灾　　E. 缺土地　　F. 缺水　　G. 缺技术

H. 缺劳动力　　I. 缺资金　　J. 交通落后　　K. 自身发展动力不足

13. 脱贫意愿：

A. 非常强烈，十分渴望改变生活状况

B. 较强烈，希望能有所改变

C. 一般，有改变的话最好，没有也无所谓

D. 不愿意成为扶贫对象，虽然物质贫困，但精神富裕

二、金融接触情况

14. 您知道村镇周边有哪些金融机构吗？

A. 农村信用社/农村商业银行/农村合作银行　　B. 邮政储蓄银行

C. 工农中建交　　D. 股份制商业银行　　E. 富滇银行等城市商业银行

F. 村镇银行　　G. 小额贷款公司　　H. 保险公司

15. 平时去哪里存款或取款？距离大概有多远？＿＿＿＿

A. 村里　　　　B. 乡镇　　　　C. 县里

16. 办理过哪些金融业务？

A. 存款　　　B. 取款（到网点领取最低生活保障金等）　　　C. 贷款

D. 转账汇款　　　E. 买保险

17. 有没有使用过以下设备或服务？

A. ATM　　　B. POS 机　　　C. 网上银行　　　D. 手机银行

E. 网络支付　　　F. 手机支付　　　G. 全没使用过

18. 有没有什么希望能获得的金融服务？

三、贷款

19. 您知道哪些政府扶贫贷款？

A. 扶贫贴息贷款　　B. 贫困村互助资金　　C. 创业担保贷款　　D. 助学贷款
E. 妇女小额贷款　　F. （残疾人）康复扶贫贷款　　G. 异地扶贫搬迁贷款
H. 红色贷款　　I. 其他

20. 您是否获得过上述的扶贫贷款，有的话简单进行评价。

21. 您是否向金融机构贷过款？
A. 经常　　B. 偶尔　　C. 有过但被拒绝了（跳至第28题）
D. 从来没有（跳至第29题）

22. 贷款的用途主要是：
A. 生产（种植、养殖等）　　B. 做生意　　C. 技术培训　　D. 孩子教育
E. 盖房子　　F. 看病　　G. 补给生活　　H. 其他

23. 需要贷款的金额一般是：
A. 1万元及以下　　B. 1万~2万元　　C. 2万~5万元　　D. 5万元以上

24. 通过哪种方式获得贷款？
A. 个人抵押贷款　　B. 个人信用贷款　　C. 小组联保贷款　　D. 其他

25. 您觉得贷款的利率水平怎么样？
A. 很高，很难接受　　B. 比较高，勉强接受　　C. 可以接受

26. 您的还贷情况是：
A. 按时还款　　B. 能拖就拖　　C. 其他人还才还　　D. 不愿意还

27. 对于精准扶贫，您觉得金融机构应该加强哪些服务？
A. 提高贷款额度　　B. 降低贷款利率　　C. 增加机构数量
D. 创新金融产品　　E. 改善服务水平

28. 您贷款被拒绝的主要原因是：
A. 没有抵押物或担保人　　B. 有不良信用记录　　C. 不符合贷款要求　　D. 其他

四、保险（新农合、新农保、农业保险）

29. 您是否参加了新农合？
A. 有　　　　B. 没有（跳至第32题）

30. 您参加新农合的原因是：
A. 可报销或减免医药费　　B. 周围人都参加了　　C. 村委会强制参保

31. 有没有使用过新农合报销？
A. 有　　　　B. 没有

32. 您没有参加新农合的原因是：
A. 对它不了解　　　　B. 收入低，没能力参保
C. 身体健康，不需要参保　　　　D. 报销太少，起不了多少作用

E. 对政府不信任　　F. 已经参加了其他形式的医疗报销

33. 您是否参加了新农保？

A. 有　　　　　B. 没有（跳至第 36 题）

34. 您参加新农保的原因是：

A. 为自己的养老考虑　　　　B. 为使家中老人免费领取养老金

C. 村里硬性规定　　　　　　D. 随大流

35. 您参保的档次是：

A. 100 元　　B. 200 元　　C. 300 元　　D. 400 元　　E. 500 元及以上

（若家庭不涉及农业跳至第 41 题）

36. 您认为农业生产中最大的风险是：

A. 自然风险（自然灾害）　　　　　　B. 市场风险（价格波动）

C. 生产风险（如假种子、假化肥、假饲料等）　　D. 其他

37. 您对风险的防范措施：

A. 多存些钱　B. 借钱或贷款　C. 农业保险　D. 政府救济　E. 听天由命

38. 您购买农业保险的意愿：

A. 很需要，会购买

B. 想买，根据政府补贴情况而定是否购买

C. 不想购买

39. 购买农业保险您最关心的事情是：

A. 出险后能赔付多少　　　　B. 保险公司承诺是否属实

C. 所缴保费的多少　　　　　D. 有无其他服务（技术、信贷等）

40. 若您不想购买农业保险，原因是：

A. 不知道有农业保险这回事

B. 农业收入占家庭收入的比重小，发生损失也无所谓

C. 所缴保费太高

D. 出险几率小

E. 理赔标准低

F. 索赔困难

41. 您还对其他的保险产品有需求吗？

受访者：　　　　调查人：　　　　日期：

参考文献

[1] Arora, R. Measuring Financial Access [R]. Griffith University, Discussion Paper Economics, 2010.

[2] Asli Demirguc-Kunt & Leora Klapper. Measuring Financial Inclusion: Explaining Variation in Use of Financial Services across and within Countries [R]. Brookings Papers on Economic Activity, Economic Studies Program, The Brookings Institution, 2013, 46 (1): 279-340.

[3] Blundell R. & Bond S. Initial Conditions and Moment Restrictions in Dynamic Panel Data Models [J]. Journal of Econometrics, 1998, 87 (1): 115-143.

[4] CGAP. Access for All: Building Inclusive Financial Systems [M]. Washington, D. C.: CGAP, 2006.

[5] Chakravarty, Satya R. & Pal, Rupayan. Financial Inclusion in India: An Axiomatic Approach [J]. Journal of Policy Modeling, Elsevier, 2013, 35 (5): 813-837.

[6] Claessens, S., E. Feijen. Financial Sector Development and the Millennium Development Goals [R]. World Bank Working Paper No. 89, World Bank, Washington, D. C., 2006.

[7] Dupas P, Robinson J. Why Don't the Poor Save More? Evidence from Health Savings Experiments [J]. American Economic Review, 2013, 103 (4): 1138-1171.

[8] Financial Access Survey (FAS) [EB/OL]. International Moneyary Fund, http://fas.imf.org, 2014-07-03.

[9] Gupte, R., Venkataramani, B., Gupta, D. Computation of Financial Inclusion Index for India [J]. Social and Behavioral Sciences, 2012 (37): 133-149.

[10] Honohan, P. Cross Country Variation in Household Access to Financial Services [J]. Journal of Bankihg & Finana, 2008, 32 (11): 2493-2500.

[11] Jeanneney S. G. & K. Kpodar. Financial Development and Poverty Reduction: Can There Be a Benefit WithoutaCost? [R]. IMFWorkingPaper, No. WP/08/62, 2008.

[12] Johnson, S. & Arnold, S. Inclusive Financial Markets: Is Transformation

under Way in Kenya? [J]. Development Policy Review, 2012, 30 (6): 719-748.

[13] Kumar, C. & Mishra, S. Banking Outreach and Household level Access: Analyzing Financial Inclusion in India [R]. Indira Gandhi Institute of Development Research (IGIDR), Mumbai, 2009.

[14] Mehrotra, N., Puhazhendhi, V., Nair G. & Sahoo, B. B. Financial inclusion – an Overview [R]. Department of Economic Analysis and Research, National Bank for Agriculture and Rural Development (NABARD), Occasional Paper 48, Mumbai, 2009.

[15] Morduch, J. The Microfinance Schism [J]. World Development, 2000, 28 (4): 617-629.

[16] Pitt M. M., Khandker S R. The Impact of Group – Based Credit Programs on Poor Households in Bangladesh: Does the Gender of Participants Matter [J]. Journal of Political Economy, 1998, 106 (5): 958-996.

[17] Priyadarshee, A., Hossain, F. & Arun, T. Financial Inclusion and Social Protection: A Case for India Post [J]. Competition and Change, 2010 (14): 324-342.

[18] Sarma, M. & Pais, J. Financial Inclusion and Development: A cross country analysis [J]. Journal of International Development, 2011, 23 (5): 613-628.

[19] Sarma, M. Index of Financial Inclusion [R]. Working Paper 215, Indian Council for Research on International Economic Relations, 2008.

[20] Stiglitz, J. More Instruments and Broader Goals: Moving Towards the Post-Washington Consensus [R]. Wider Annual Lecture, Helsinki, January T, 1998.

[21] United Nations. Building Inclusive Financial Sectors for Development [M]. New York: United Nations Publications, 2006.

[22] 2017年12月云南省辖区各地区原保险保费收入情况表 [EB/OL]. 中国保险监督管理委员会云南监管局, http://yunnan.circ.gov.cn/web/site38/tab2229/info4098000.htm, 2018-02-02.

[23] [云南墨江5.9地震] 3100多人参与抗震救援 整个抗震救灾工作正有序、有力、有效推进 [EB/OL]. 云南网, http://society.yunnan.cn/systen2019/209/10/030066327.sthml, 2018-09-10.

[24] 白钦先, 张坤. 再论普惠金融及其本质特征 [J]. 广东财经大学学报, 2017 (3): 39-44.

[25] 贝多广. 普惠金融能力建设——中国普惠金融发展报告 (2017) [R]. 北京: 中国普惠金融研究院, 2017.

[26] 曹凤岐. 建立多层次农村普惠金融体系 [J]. 农村金融研究, 2010 (10): 64-67.

[27] 曹晋海. 云南特有少数民族受教育状况分析 [EB/OL]. 中国盈江, http://www.dhyj.gov.cn/tjj/Web/_F0_0_28D03A73JB3HP0M43 WGVWD-BAQR.htm, 2018-09-02.

[28] 陈名银. 农村地区普惠金融的减贫效应与启示——基于494户农户的微观调查 [J]. 武汉金融, 2017 (4): 82-84.

[29] 陈颐. 儒家文化、社会信任与普惠金融 [J]. 财贸经济, 2017, 38 (4): 5-20.

[30] 崔艳娟, 孙刚. 金融发展是贫困减缓的原因吗？——来自中国的证据 [J]. 金融研究, 2012 (11): 116-127.

[31] 第39次中国互联网络发展状况统计报告（全文）[EB/OL]. 中国互联网络信息中心, http://www.cac.gov.cn/2017-01/22/c_1120352022.htm, 2017-01-22.

[32] 第42次中国互联网络发展状况统计报告（全文）[EB/OL]. 中国互联网络信息中心, http://www.cac.gov.cn/2018-08/20/c_1123296882.htm, 2018-08-20.

[33] 杜晓山. 建立普惠金融体系 [J]. 中国金融家, 2009 (1): 140-142.

[34] 高考, 年旻. 融入贫困人群心理特征的精准扶贫研究 [N]. 光明日报, 2016-04-06 (15).

[35] 龚群. 论社会主义市场经济条件下的社会公平正义 [J]. 哲学研究, 2013 (2): 114-117.

[36] 郭峰, 孔涛, 王靖一, 张勋, 程志云, 阮方圆, 孙涛, 王芳. 北京大学数字普惠金融指数 [R]. 北京: 北京大学数字金融研究中心, 2016.

[37] 郭田勇, 丁潇. 普惠金融的国际比较研究——基于银行服务的视角 [J]. 国际金融研究, 2015, 339 (2): 55-64.

[38] 郭熙保, 习明明. 发展经济学研究的最新进展 [J]. 山东大学学报, 2010 (3): 1-10.

[39] 郭兴平. 基于电子化金融服务创新的普惠型农村金融体系重构研究 [J]. 财贸经济, 2010 (3): 13-19.

[40] 国家发展改革委 中国证监会关于推进传统基础设施领域政府和社会资本合作（PPP）项目资产证券化相关工作的通知 [EB/OL]. 中华人民共和国国家发展和改革委员会, http://www.ndrc.gov.cn/zcfb/zcfbtz/201612/t20161226_839035.html, 2016-12-21.

[41] 国务院. 推进普惠金融发展规划（2016—2020 年）[Z]. 2015-12-31.

[42] 韩晓宇. 普惠金融的减贫效应——基于中国省级面板数据的实证分析 [J]. 金融评论, 2017（2）：69-82.

[43] 黄倩, 李政. 县域普惠金融发展与经济包容性增长——基于云南省 120 个县域数据的实证分析 [J]. 云南财经大学学报, 2019（1）：52-66.

[44] 黄秋萍, 胡宗义, 刘亦文. 中国普惠金融发展水平及其贫困减缓效应 [J]. 金融经济学研究, 2017（6）：75-84.

[45] 交通运输部：有序推进全国各地自然村通硬化路建设 [EB/OL]. 中国公路网, http：//www.chinahighway.com/news/2018/1180442.php, 2018-07-25.

[46] 焦瑾璞, 陈瑾. 建设中国普惠金融体系：提供全民享受现代金融服务的机会和途径 [M]. 北京：中国金融出版社, 2009.

[47] 焦瑾璞, 黄亭亭, 汪天都等. 中国普惠金融发展进程及实证研究 [J]. 上海金融, 2015（4）：12-22.

[48] 金融教育：提高金融素养强有力的手段 [EB/OL]. 中国普惠金融研究院, https：//mp.weixin.qq.com/s/1OHpEG5592W9QMbOP1Fdng, 2018-01-19.

[49] 景洪市人民政府办公室关于云南省西双版纳景洪"直过民族"地区沿边地区较大规模人口自然村通硬化路建设项目有关问题的通知 [EB/OL]. 景洪市人民政府, https：//www.jhs.gov.cn/142.news.detail.dhtml？news_id=54466, 2018-01-16.

[50] 昆明中心支行构建"三站式"普惠金融服务模式 [EB/OL]. 中国人民银行昆明中心支行, http：//kunming.pbc.gov.cn/kunming/133722/3561764/index.html, 2018-06-21.

[51] 李滨. 普惠金融的制度分析与测度研究 [D]. 厦门：厦门大学, 2014.

[52] 李建军, 韩珣. 金融排斥、金融密度与普惠金融——理论逻辑、评价指标与实践检验 [J]. 兰州大学学报（社会科学版）, 2017（4）：19-35.

[53] 李金亚, 李秉龙. 贫困村互助资金瞄准贫困户了吗——来自全国互助资金试点的农户抽样调查证据 [J]. 农业技术经济, 2013（6）：96-105.

[54] 李明贤, 叶慧敏. 普惠金融与小额信贷的比较研究 [J]. 农业经济问题, 2012（9）：46-51, 113.

[55] 李扬等. 2014 中国普惠金融实践报告 [R]. 北京：中国社会科学院, 2013.

［56］李镇西．微型金融：国际经验与中国实践［M］．北京：中国金融出版社，2011．

［57］刘金海．贫困村级互助资金：益贫效果、机理分析及政策建议［J］．农村经济，2010（10）：83-86．

［58］刘明广．中国边疆地区博览会研究：基于周边战略的视角［M］．北京：经济管理出版社，2015．

［59］卢盼盼，张长全．中国普惠金融的减贫效应［J］．宏观经济研究，2017（8）：33-43．

［60］陆凤芝，黄永兴，徐鹏．中国普惠金融的省域差异及影响因素［J］．金融经济学研究，2017（1）：113-122．

［61］罗斯丹，陈晓，姚悦欣．我国普惠金融发展的减贫效应研究［J］．当代经济研究，2016（12）：84-93．

［62］蒙自扶贫小额信贷探索脱贫新模式［EB/OL］．云南网，http：//special.yunnan.cn/feature15/html/2018-3/28/content_5142100.htm，2018-03-28．

［63］怒江州人民政府办公室关于印发怒江州14年免费教育实施细则的通知［EB/OL］．怒江傈僳族自治州人民政府门户网站，http：//www.nj.yn.gov.cn/nj/72915221697527808/20170719/300493.html，2017-04-24．

［64］全省金融运行总体平稳［EB/OL］．云南网．http：//yn.yunnan.cn/system/2018/11/04/030109244.shtml，2018-11-04．

［65］人行昆明中支加强货币政策引导促扶贫再贷款定价机制改革顺利实现［EB/OL］．金融界，http：//finance.jrj.com.cn/2017/07/31082422818485.shtml，2017-07-31．

［66］邵汉华，王凯月．普惠金融的减贫效应及作用机制——基于跨国面板数据的实证分析［J］．金融经济学研究，2017（6）：65-74．

［67］首批传统基础设施PPP资产证券化项目落地有利于盘活资产降低杠杆［EB/OL］．新华网，http：//www.xinhuanet.com/fortune/2017-03/11/c_1120610344.htm，2017-03-11．

［68］汪三贵，陈虹妃，杨龙．村级互助金的贫困瞄准机制研究［J］．贵州社会科学，2011（9）：47-53．

［69］王婧，胡国晖．中国普惠金融的发展评价及影响因素分析［J］．金融论坛，2013（6）：31-36．

［70］王颖，曾康霖．论普惠：普惠金融的经济伦理本质与史学简析［J］．金融研究，2016（2）：37-54．

［71］魏婕，任保平．中国经济增长包容性的测度：1978—2009［J］．中

国工业经济，2011（12）：5-14.

［72］魏丽莉，李佩佩.普惠金融的反贫困效应研究——基于西部地区的面板数据分析［J］.工业技术经济，2017（10）：38-44.

［73］消费者金融素养调查分析报告（2017）［EB/OL］.中国金融新闻网，http：//www.financialnews.com.cn/jg/dt/201707/t20170713_120922.html，2017-07-13.

［74］星焱.改革开放40年中国金融扶贫工具的演化［J］.四川师范大学学报（社会科学版），2018，45（6）：36-44.

［75］星焱.普惠金融：一个基本理论框架［J］.国际金融研究，2016，353（9）：21-37.

［76］徐强，陶侃.中国金融包容指数的测度及其与贫困减缓的关系——基于省级数据的分析［J］.华中师范大学学报（人文社会科学版），2017，56（6）：40-51.

［77］许可证机构持有证列表［EB/OL］.中国银行业监督管理委员会，http：//xukezheng.cbrc.gov.cn/ilicence/，2018-12-10.

［78］阎慈琳.关于用主成分分析做综合评价的若干问题［J］.数理统计与管理，1998（3）：22-25.

［79］杨军，张龙耀，马倩倩等.县域普惠金融发展评价体系研究——基于江苏省52个县域数据［J］.农业经济问题，2016（11）：24-31.

［80］叶志强，陈习定，张顺明.金融发展能减少城乡收入差距吗？——来自中国的证据［J］.金融研究，2011（2）：42-54.

［81］银保监会发布《关于推进农村商业银行坚守定位 强化治理 提升金融服务能力的意见》［EB/OL］.中国银行保险监督管理委员会，http：//www.cbrc.gov.cn/chinese/newShouDoc/3385A935597B494F91A50B77F00572C3.html，2019-01-14.

［82］银保监会首次发布普惠金融白皮书［EB/OL］.中华人民共和国中央人民政府，http：//www.gov.cn/xinwen/2018-09/28/content_5326318.htm，2018-09-28.

［83］于晓虹，楼文高，余秀荣.中国省际普惠金融发展水平综合评价与实证研究［J］.金融论坛，2016（5）：18-32.

［84］余文建.普惠金融指标体系构建——从国际探索到中国实践［J］.中国金融，2017（5）：92-93.

［85］云南"扶贫贷"创新金融扶贫模式［EB/OL］.中国红十字报，http：//news.redcrossol.com/miropaper/article.aspx？aid=6208，2016-11-11.

[86] 云南交通增强"直过民族"发展内生动力 到2020年，完成2.5万公里通自然村硬化路建设［EB/OL］.中国交通新闻网，http：//www.zgjtb.com/2018-04/03/content_ 142885.htm，2018-04-03.

[87] 云南金融精准扶贫取得显著成效［EB/OL］.国家外江管理局云南省分局，http：//www.safe.gov.cn/yunnan/2018/1107/534.html，2018-11-07.

[88] 云南省135个基础设施领域PPP项目面向社会公开推介［EB/OL］.搜狐，http：//www.sohu.com/a/153256989_ 628373，2017-06-30.

[89] 云南省扶贫再贷款定价机制试点见成效［EB/OL］.中华人民共和国中央人民政府，http：//www.gov.cn/xinwen/2018-01/23/content_ 5259669.htm，2018-01-23.

[90] 云南省各州.市国民经济和社会发展统计公报［EB/OL］.http：//www.stats.yn.gov.cn/tjsj/tjgb/index_ 4.html，2017-12-11.

[91] 云南省互助资金总规模达到3.047亿元［EB/OL］.云南日报，https：//www.yndaily.com/html/2015/yaowenyunnan_ 1018/21785.html，2015-10-18.

[92] 云南省金融精准扶贫成效显著［EB/OL］.中国人民银行昆明中心支行，http：//kunming.pbc.gov.cn/kunming/133722/3727376/index.html，2018-12-26.

[93] 云南省人民政府办公厅.2018年政府工作报告［EB/OL］.http：//www.yn.gov.cn/zwgk/zfxxgk/zfgzbg201902/t20190226_ 63971.html，2019-02-26.

[94] 云南省人民政府关于大力发展普惠金融的实施意见［EB/OL］.云南省人民政府，http：// www.yn.gov.cn/yn_ zwlanmu/qy/wj/yzf/201703/t20170328_ 28903.html，2017-03-29.

[95] 云南省统计局国民经济综合统计处.2018云南统计年鉴［EB/OL］.云南省统计局，http：//www.stats.yn.gov.cn/tjsj/tjnj/201812/t20181206_ 823753.html，2018-12-06.

[96] 云南已有43个农险险种 上半年赔付2.24亿元［EB/OL］.新华网，http：//m.xinhuanet.com/yn/2018-09/20/c_ 137481049.htm，2018-09-20.

[97] 张兵，张洋.县域普惠金融发展水平测度及影响因素分析——基于面板数据的空间计量模型［J］.江苏农业科学，2017（10）：307-311.

[98] 张珩，罗剑朝，郝一帆.农村普惠金融发展水平及影响因素分析——基于陕西省107家农村信用社全机构数据的经验考察［J］.中国农村经济，2017（1）：4-17,95.

[99] 张迎春等.利率并非影响农村小额信贷可持续发展的关键因素——

基于供求方双赢视角［J］. 投资研究，2012（4）：28-40.

［100］张正平，杨丹丹. 市场竞争、新型农村金融机构扩张与普惠金融发展——基于省级面板数据的检验与比较［J］. 中国农村经济，2017（1）：30-43.

［101］中国人民大学中国普惠金融研究院（CAFI）. 中国普惠金融发展监测报告（2017·浙江）［R］. 北京：中国人民大学中国普惠金融研究院（CAFI），2018.

［102］中国人民大学中国普惠金融研究院（CAFI）. 在曲折中前进——中国数字普惠金融发展报告［R］. 北京：中国人民大学中国普惠金融研究院（CAFI），2019.

［103］中国人民银行金融消费权益保护局. 2017年中国普惠金融指标分析报告［R］. 北京：中国人民银行金融消费权益保护局，2018.

［104］周小川. 全面深化金融业改革开放加快完善金融市场体系［N］. 人民日报，2013-11-28（07）.

［105］朱一鸣，王伟. 普惠金融如何实现精准扶贫？［J］. 财经研究，2017（10）：43-54.

［106］诸大建. 超越增长：可持续发展经济学如何不同于新古典经济学［J］. 学术月刊，2013（10）：79-89.

后　记

本书理论篇的六个章节是在笔者 2015 年完成的厦门大学博士学位论文《普惠金融发展和减贫效应研究》的基础上进行整理和适量更新形成的。从笔者开始进行普惠金融的研究到 2015 年完成博士学位论文这段时间，"普惠金融"尚且属于一个较新的研究领域。"这是一个最好的时代，也是一个最坏的时代"——一方面，国内外的研究成果较少，给笔者的研究留下了较大的空间；另一方面，许多问题大家尚未形成共识，笔者的研究难免受到质疑和批评，并且当时可使用的数据也十分有限。2015 年之后，国内涌现了大量关于普惠金融的研究，政府、权威学术机构、许多知名学者投入越来越多的资源进行普惠金融的理论与实践研究。很荣幸，由于前期的研究基础，笔者成为普惠金融研究领域的一员，相关研究成果先后被《国际经贸探索》《经济与管理研究》等刊物刊载。在此，感谢厦门大学金融系博士生导师杜朝运教授对笔者的指导和支持！

在 2015 年完成厦门大学博士学位论文《普惠金融发展和减贫效应研究》之后，笔者来到云南财经大学金融学院任教，继续进行普惠金融的研究。云南省集边疆、民族、山区、革命老区为一体，边疆民族地区社会经济发展缓慢，灾害频发，贫困问题尤为突出。"纸上得来终觉浅，绝知此事要躬行。"笔者希望对普惠金融减贫效应的研究能从"理论"发展到"实践"中，因此以自己主持的云南省社会科学基金项目"云南边疆民族地区普惠金融减缓贫困对策研究"（项目编号：QN2016005）为依托，对该主题进行了近三年的研究，将研究成果整理为实践篇的四个章节。通过实践调研，笔者深刻领悟到"脚下沾有多少泥土，心中沉淀多少真情"。在此，感谢云南财经大学熊德平教授、龙超教授、钱振伟教授对项目研究的指导和帮助，感谢云南财经大学余晓龙、陈天悟、徐云瑞、李浩等研究生为项目所做的贡献。

本书的出版，要感谢云南财经大学博士学术基金的全额资助，感谢经济管理出版社编辑的辛勤付出。

由于笔者的水平有限，书中疏漏及错误难免，恳请各位读者给予指正，欢迎专家和读者们来信探讨。

马彧菲
2019 年 3 月于昆明